毎日のごはんは、野菜で作っておくと肉・魚ですぐできる

ワタナベマキ

池田書店

はじめに

毎日のごはん作りは、忙しい人にとって悩みの種でもあります。
なるべく効率よくごはんの支度ができて、飽きずに食べられる、
飽きずに作ることができる。さらにはおいしく食べたい。
この本では、毎日のごはん作りに少し余裕ができるような提案を紹介しています。

野菜メインで作りおくことでおいしくなる作りおきと、
帰ってからでもすぐできる、できたてのおいしさを重視した肉・魚のすぐできるおかず。
この2本柱を上手に取り入れて、日々の食卓のマンネリ化が、
少しでも減らせるとうれしいなと思います。

「野菜で作っておく」おかずは、1年中手に入りやすい野菜を中心に、
野菜のおいしさを活かしたシンプルなもの、
野菜とたんぱく質を合わせ、ボリュームのあるもの、
作りやすい和・洋・中の味に加え、新鮮なエスニック味も加えて、
味のバリエーションを増やしてレパートリーが増えるレシピを。

もう一つの柱「肉・魚ですぐできる」の、メインのおかずはやっぱりできたてを。
帰ってきてからでも、慌てず15分ほどあればできる、炒め物、蒸し煮、揚げ物など。
早くできる調理法や素材の切り方、組み合わせなどを工夫したレシピです。

この本の中から、「野菜で作っておく」ものと「肉・魚ですぐできる」おかずを選び、
満足感のある食卓にしてみてください。
作るものに悩むことがないように、相性のよいおかずと作りおきの組み合わせを
「おすすめ献立」に入れてありますので、
そちらもぜひ参考にしていただけたらと思います。

味がしっかりしみこんだ、野菜たっぷりの作りおきと、できたての温かいおかず。
毎日のごはん作りの助けとなる本となりましたらうれしいです。

ワタナベマキ

目次

002 はじめに
008 毎日のごはん作りがラクになる法則
010 いつものごはんを新鮮なものに
012 ● 和の献立
014 ● 洋の献立
016 ● 中の献立
018 ● エスニックの献立

1 野菜で作っておく

022 親しみのあるいつもの野菜でおかずを作っておく

にんじん

024 ● にんじんとツナのマスタードマリネ アレンジ
026 ● にんじんと長ねぎのたらこ炒め
027 ● にんじんと玉ねぎのカレーバター煮
028 ● にんじんとちくわのごま和え
029 ● にんじんと鶏ささみの梅和え
032 ● にんじんとじゃこの甘酢きんぴら
034 ● にんじんとたけのこの土佐ごま和え
035 ● にんじんの春雨サラダ

［この本の使い方］

- 材料はその料理に適した分量にしています。
  Part1 で紹介している野菜の作りおきの材料は、作りやすい分量としています。
  食べる量には個人差がありますが、２人分を２～３回ぐらいで食べきれる量を基準に設定しています。
- 計量単位は大さじ 1=15mℓ、小さじ 1=5mℓ、1 カップ=200mℓ です。
- 「少々」は小さじ1/6未満を、「適量」はちょうどよい量を、「適宜」は好みで必要があれば入れることを示します。
- 野菜類は特に記載のない場合、皮をむくなどの下処理を　済ませてからの手順を説明しています。
- 電子レンジは 600W を基本としています。 500W の場合は加熱時間を 1.2 倍にしてください。
  機種によって加熱時間に差があることがあるので、 様子を見ながら加減してください。
- 保存期間は目安の期間です。季節や保存状態によって、
  保存期間に差がでるので、できるだけ早く食べ切りましょう。

じゃがいも

036 柚子こしょうのジャーマンポテト アレンジ
038 じゃがいもゴルゴンゾーラのマリネ
039 じゃがいものみそバター炒め
040 じゃがいもと鶏肉の塩煮
041 じゃがいもと玉ねぎのクミンアンチョビ炒め
044 じゃがいもと卵のサラダ
045 せん切りじゃがいも中華マリネ
046 揚げじゃがいもといんげんのレモンしょうゆ漬け

キャベツ

048 キャベツとじゃこの柚子こしょうマリネ アレンジ
050 キャベツとミックスビーンズのマリネ
051 キャベツとささみのわさびマリネ
052 キャベツと豚しゃぶのナンプラーマリネ
053 ゆでキャベツとしょうがのおかか和え
054 キャベツとベーコンのザブジ アレンジ
056 キャベツと切り干し大根の中華和え
057 キャベツとツナの豆板醤和え
058 キャベツとハムのマカロニサラダ

なす

060 なすのオイル煮 アレンジ
062 揚げなすのだし漬け
063 なすの山椒炒め
064 なすといんげんのくたくた煮
065 なすと鶏肉の黒酢煮
066 なすと豚肉のみそ煮 アレンジ
068 なすとひき肉のドライカレー
069 なすとレンズ豆のマリネ

トマト

070 トマトと合いびき肉のメキシカンミート アレンジ
072 ミニトマトときのこのアフォガード
073 トマトとズッキーニのクミン炒め
074 トマトと油揚げのだし煮
075 さばのトマト煮
078 トマトと鶏肉のサルサマリネ
080 トマトとたこのマリネ
081 トマトのねぎポン酢マリネ

ピーマン

082 ピーマンと玉ねぎのカレーマリネ アレンジ
084 ピーマンときのこのレモンナンプラー炒め
085 ピーマンと鶏肉、うずらの旨煮
088 ピーマンと豚しゃぶの甘酢漬け
089 パプリカと鮭のマリネ
090 ピーマンの花椒きんぴら
091 ピーマンと干しえびのオイスター炒め
092 ピーマンのひじき炒め アレンジ

かぼちゃ

094 かぼちゃと生ハムの蒸し煮 アレンジ
096 かぼちゃの甘辛中華揚げ
097 かぼちゃのパセリナッツマリネ
100 かぼちゃときのこのラタトゥイユ
102 かぼちゃとソーセージのウスター炒め
103 かぼちゃと昆布の塩煮
104 かぼちゃのそぼろ煮
105 かぼちゃのナンプラーバター煮

ごぼう

106 ごぼうとちくわの甘辛炒め アレンジ
108 ごぼうとこんにゃくのみそ炒め
109 ごぼうのいり豆腐
110 ごぼうとにんじんの明太きんぴら
111 ごぼうと牛肉のバルサミコ煮
112 ごぼうとにんじんのトマト煮 アレンジ
114 ごぼうのナンプラーピクルス
115 たたきごぼうとひじきのごま和え

大根

116 大根と鶏肉の梅煮
118 大根と厚揚げのナンプラー煮
119 大根と牛肉のコチュジャン煮
120 揚げ大根の柚子こしょう絡め アレンジ
122 大根のそぼろ炒め煮 アレンジ
124 大根と大豆のマリネ
125 大根とほたて缶の中華マリネ
126 大根のナンプラー甘酢漬け
127 大根のはりはり漬け

れんこん

128 れんこんとにんじんのナムル アレンジ
130 れんこんとさつま揚げのきんぴら
131 れんこんのそぼろ炒め
132 れんこんとにんじんの花椒炒め
133 たたきれんこんとツナのコチュジャン煮
134 れんこんと豚肉の甘辛煮 アレンジ
136 れんこんと牛肉のワイン煮
137 れんこんたっぷりおから煮

2 肉・魚ですぐできる

140　切る手間がかからず、火の通りやすい肉と魚で時短調理を

鶏肉

- 142　鶏手羽中のスパイスグリル
- 144　鶏肉としいたけの梅照り焼き
- 146　鶏肉としし唐のしょうが焼き
- 150　鶏肉のクリーム煮

豚肉

- 152　豚しゃぶ肉ともやしの柚子こしょう蒸し
- 154　豚薄切り肉とたけのこの赤唐辛子炒め
- 156　豚薄切り肉とブロッコリーの竜田揚げ
- 158　豚肉とかぶのおかか塩炒め
- 159　豚肉とたたききゅうりの塩昆布炒め

牛肉

- 160　牛肉とトマトのマリナート
- 162　牛肉のストロガノフ風

ベーコン

- 164　ベーコンときのこのグラチネ

ひき肉

- 166　合いびき肉ととうもろこしのカレー炒め
- 168　鶏ひき肉と長いもの炒め物
- 169　豚ひき肉と豆苗の黒酢炒め

魚・魚介

- 170　かじきまぐろのナンプラーソテー
- 172　ぶりのみそ照り焼き
- 174　鮭のマスタードソテー
- 176　さばとチンゲン菜のあんかけ
- 177　たらとじゃがいもの白ワイン煮
- 180　かじきまぐろと野菜のフリット
- 182　あさりとアスパラのオイスター炒め
- 184　ほたてのレモンクリーム煮
- 186　まぐろのポキ
- 187　漁師丼

188　索引

毎日のごはん作りが
ラクになる法則

家族の健康のために、
毎日おいしいごはんを作りたいけど、
そんな時間も余裕もない…。
そんな悩みを持っている人はいませんか？
「作っておく」と「すぐできる」おかずの法則を
身につければ、毎日のごはん作りは、もっとラクに、
もっと楽しく、もっとおいしくなるのです。

野菜のおかずは作っておく

＋

肉・魚のおかずはすぐできる

野菜は調理法、味つけを工夫すると日持ちがし、日々の野菜不足を解消してくれるアイテム。野菜の旬の時季は、安くてみずみずしく味が濃いので、そういうときこそ、まとめてさまざまな調理法や味つけでおかずを数種類作っておき、毎日のごはんに上手に取り入れましょう。ただし、作りすぎは食べ疲れしてしまい、無駄にしてしまうので気をつけて。

肉・魚のおかずも作りおきにすることがありますが、やはり飽きてしまうことも。肉、魚はフレッシュなものをその日に調理して、できたてを食べるのがベスト。帰ってきてから調理するなら、とにかく手間がかからない、すぐできるおかずで十分です。火の通りやすい野菜やカットしてある食材などを上手に利用すると、短時間でおいしいおかずができあがります。

いつものごはんを新鮮なものに

今日の夕飯、何作ろう…？と考えるとき、
一番悩んでしまうのが、献立作り。
いつも同じおかずと同じ味の組み合わせで
マンネリすることも多いもの。
野菜の作りおきや、肉・魚のおかずにさまざまな
味つけを取り入れたり、アレンジすることで、
いつものごはんが新鮮に、献立作りも簡単に。

和・洋・中・エスニックの組み合わせで献立がすぐ決まる

＋

アレンジでさらにおいしい

いつも同じ味つけになってしまい、マンネリになりがちな毎日のごはん。だからこそ、和・洋・中・エスニックの4つの味つけを、上手に取り入れてみませんか？　野菜の作りおきを4つの味つけにすることで、いつものごはんが新鮮なものに。定番の味つけ以外に、本書で紹介しているエスニックの新しい味つけを覚えると、作りおきも飽きずに食べられます。

野菜の作りおきは、そのままお皿に盛りつけて一品になるものばかりですが、食べ方を工夫すると、新しいおいしさを発見することも。作りおきでもボリュームがあるものも多いので、麺やごはんにそのままのせたり、卵に混ぜて焼くなど、ひと工夫してみましょう。また、肉・魚のおかずも、香辛料や薬味をプラスすれば、味の変化も出て、さらにおいしくなります。

和の献立

鶏肉の梅照り焼きと明太きんぴらは、ごはんが進む定番メニューの組み合わせ。両方ともしっかりした味つけなので、トマトのだし煮を合わせて、さっぱりとさせました。
梅照り焼きと明太きんぴらはお弁当のおかずにもぴったりの組み合わせです。

作っておく

トマトと油揚げのだし煮
（P.74）

鶏肉としいたけの
梅照り焼き（P.144）

すぐできる

作っておく

ごぼうとにんじんの
明太きんぴら（P.110）

洋の献立

かぼちゃときのこの
ラタトゥイユ（P.101）

作っておく

大根と大豆のマリネ
（P.124）

作っておく

牛肉とトマトで作るマリナートは冷めてもおいしいので、ごはんの時間が異なる家族でもおいしく食べられます。
また、大根と大豆でさっぱりとした副菜を添え、育ち盛りのお子さんがいるご家庭は、ラタトゥイユを添えれば、腹持ちもよく、満足度も高まります。

牛肉とトマトの
マリナート（P.161）

すぐできる

中の献立

れんこんとにんじんの
ナムル（P.129）

作っておく

あさりとアスパラのオイスター炒めは、
忙しい日のメイン料理に最適。
帰ってから作っても、
すぐにできるのでラクなうえ、
お酒のおつまみにもなります。
また、ごはんや麺にそのままかけても
おいしいです。
れんこんとにんじんのナムルを
サラダ感覚でたっぷりと
召し上がってください。

あさりとアスパラの
オイスター炒め（P.182）

すぐできる

エスニックの献立

しっかりしたナンプラー味で、魚でも満足のいくごはんに合うおかずと、エスニックらしいトマトとズッキーニの炒め物を組み合わせて、いつもの組み合わせとは違う新鮮な献立に。かじきまぐろは、骨もなく、使いやすい食材の代表です。

トマトとズッキーニの
クミン炒め（P.73）

作っておく

かじきまぐろの
ナンプラーソテー（P.171）

すぐできる

1

野菜で作っておく

10種類の旬のおいしい野菜を使って、
和・洋・中・エスニックのおかずをたっぷり作っておくと、
毎日の食卓がグンと豊かになります。
副菜はもちろん、主菜になるおかずまで、
バラエティ豊かに紹介します。

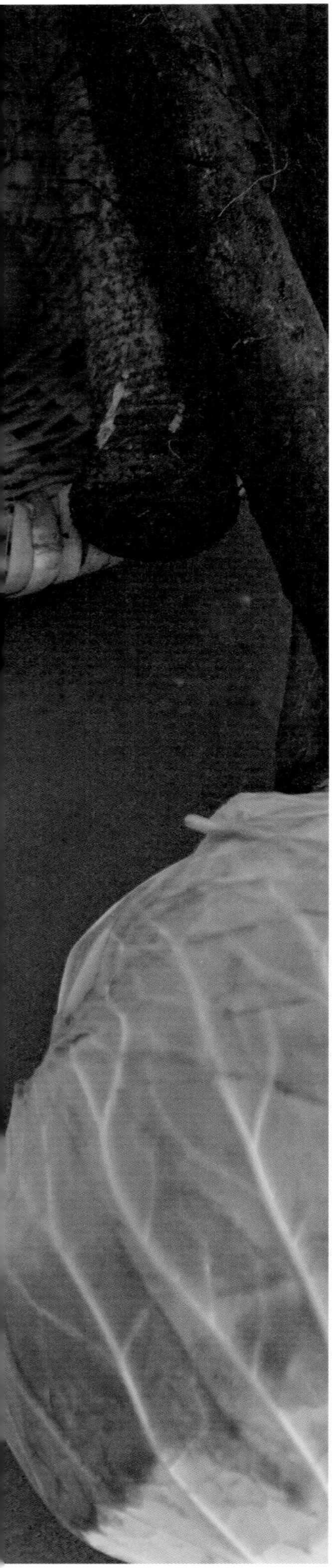

親しみのある いつもの野菜で おかずを作っておく

作りおきって、一生懸命たくさん作るというよりは、
まずは2〜3品ぐらい作って、
おいしく食べきるのがいいと思います。
紹介している野菜の作りおきは、
どれも2人分を2〜3回ぐらいで食べきれる量なので、
食べ終わったら、次は別のレシピで作ってみる、
というように毎日の食卓に取り入れてみてください。
それでも、週末に一気に作りたい人は、
旬の野菜で、和・洋・中・エスニックと一品ずつ作ると、
1週間おいしく食べられます。
また、野菜を選ぶときは、キャベツとごぼうというように、
葉物野菜と根菜を組み合わせることも大切なポイント。
味や食感、栄養のバランスがよくなるので
意識するといいと思います。
また、同じ野菜でも、切り方を変えることで、
食感や味わいが変わり、飽きずにおいしく食べられます。

にんじん

春にんじんは、みずみずしくて柔らかく、
香り高いのが特徴で、
さっぱりとしたサラダやマリネに。
秋から冬に出回るにんじんは、
甘みが強く、味が濃くておいしい。
豊富に含まれるβ–カロテンは
油との相性がよいので、
炒め物や煮物に使いましょう。
にんじんの作りおきがあるだけで、
野菜不足の心配がなくなるのもうれしいですね。

にんじんとツナのマスタードマリネ

にんじんは電子レンジで
白ワイン蒸しにしてから、温かいうちに
調味料を加え、さっと和えるのが
味がよくなじむコツ。
仕上げにパセリを加えて鮮やかに。

材料（作りやすい分量）

にんじん … 2本
ツナ缶（油漬け）… 大1缶
パセリ（みじん切り）… 大さじ2
白ワイン … 大さじ1
粒マスタード … 大さじ1
ナンプラー … 大さじ½
粗びき黒こしょう … 少々
オリーブオイル … 大さじ1½

作り方

1 にんじんは細切りにする。ツナは油をきる。
2 耐熱皿ににんじん、白ワインを入れてふんわりとラップをし、電子レンジで1分30秒ほど加熱する。温かいうちに粒マスタード、ナンプラーを加えて和え、オリーブオイルとこしょうを加える。
3 冷めたらパセリを加え、さっと混ぜる。

アレンジ

スライスしたパンを軽くトーストしてバターを塗り、『にんじんとツナのマスタードマリネ』をのせ、パルメザンチーズを散らしてオープンサンドに。

［保存：冷蔵3日間］

にんじんと長ねぎのたらこ炒め

ごはんのお供にぴったりの常備菜。
シンプルな材料だけど、
この組み合わせがベスト。
にんじんに甘みがあるから
調味料も少なめに。

材料（作りやすい分量）

にんじん … 2本
長ねぎ … ½本
たらこ … 1腹
酒 … 大さじ2
しょうゆ … 小さじ½
ごま油 … 大さじ1

作り方

1 にんじんは縦2等分に切り、斜め薄切りにする。長ねぎは斜め薄切りにする。たらこは薄皮を取り除き、包丁で身をこそげ取る。

2 フライパンにごま油を中火で熱し、にんじん、長ねぎを入れ、しんなりするまで炒める。酒を加えて一煮立ちさせ、弱火にして蓋をし、4分ほど蒸し焼きにする。中火にしてたらこを加えて炒め、全体がなじんだらしょうゆを加える。

作りおきメモ

にんじんと長ねぎを炒めて蒸し焼きに。たらこを加えるときは少し火を強めて、水分を飛ばしながら炒めるのがポイント。

［保存：冷蔵3日間］

にんじんと玉ねぎのカレーバター煮

甘みの強いにんじんは、スパイスがよく合います。
ナンプラーが隠し味になっておいしい。
最後にバターを加えてグラッセ風に仕上げて。

材料（作りやすい分量）

にんじん … 2本
玉ねぎ … 1個
にんにく（つぶす）… 1かけ分
カレー粉 … 小さじ2
白ワイン … 50mℓ
ナンプラー… 大さじ1
バター… 大さじ1
オリーブオイル … 大さじ1

作り方

1 にんじんは1cm厚さの半月切りにする。玉ねぎは8等分のくし形に切る。

2 フライパンににんにく、カレー粉、オリーブオイルを入れ、中火にかける。香りがたったら1を加え、玉ねぎが透き通るまで炒める。

3 白ワインを加えて一煮立ちさせ、弱火にして蓋をし、6分ほど蒸し焼きにする。中火にし、ナンプラー、バターを加え、絡める。

作りおきメモ

にんじんと玉ねぎを蒸し焼きにし、甘みを引き出してから、調味料を加えて絡めるのがおいしさのコツ。肉や魚のソテーなどに添えたり、パンにのせて食べても。

［保存：冷蔵3日間］

にんじんと ちくわのごま和え

にんじんとちくわは同じ大きさに切って
炒め合わせ、最後に黒いりごまをたっぷりと。
ちくわの食感がなんだかほっとする一品です。

材料（作りやすい分量）

にんじん … 2本
ちくわ … 3本
酒 … 大さじ1
みりん … 大さじ1
しょうゆ … 大さじ1
黒いりごま … 大さじ2
ごま油 … 大さじ1

作り方

1 にんじんは拍子木切りにする。ちくわは縦4等分に切り、長さを3等分に切る。

2 フライパンにごま油を中火で熱し、にんじんを入れてしんなりするまで炒める。酒、みりんを加え、汁けがなくなるまで炒め、ちくわ、しょうゆを加えて炒め合わせ、黒いりごまを加えて混ぜる。

作りおきメモ

にんじんに火を通して、甘みを引き出してから仕上げるのがコツ。焼き魚などの副菜にぴったりです。お弁当の一品にしたり、細かく刻んでごはんに混ぜてもおいしい。

［保存：冷蔵4日間］

にんじんと鶏ささみの梅和え

梅干しの酸味としょうゆだけでまとめる梅和えは、飽きのこないおいしさ。しっとりとしたささみもよく合います。

材料（作りやすい分量）

にんじん…2本
鶏ささみ…5本
梅干し…4個
酒…大さじ1
しょうゆ…小さじ2
ごま油…小さじ2

作り方

1 にんじんは5mm厚さの半月切りにする。
2 沸騰した湯に1を入れ、2分30秒ほどゆでてざるにあげ、水けをペーパータオルで拭く。
3 同じ湯に酒を加えて弱火にし、筋を取り除いたささみを入れ、2分ほどゆでて火を止め、そのまま冷まし、ペーパータオルで水けを拭き、一口大に裂く。
4 梅干しは種を取り除き、包丁でたたき、2、3と和える。しょうゆを加えて手早く混ぜ、ごま油を加えてさっと和える。

作りおきメモ

にんじんをゆでた湯でささみをゆでるので時短に。それぞれの水けはしっかりと拭き取ることがポイント。

［保存：冷蔵3日間］

にんじんと
じゃこの甘酢きんぴら

にんじんは、なるべく
細く切るのがポイント。
量が多めでも、細切りにすることで
全体に油がまわりやすく、
しんなりしやすくなります。

作り方：０３２ページ

汁けがなくなるまで炒めたら、
仕上げに赤唐辛子と塩をふって、
さっと炒め合わせます。
赤唐辛子は最後に入れると
辛みもマイルドに。

にんじんとじゃこの甘酢きんぴら

にんじん2本を細切りにして作る、
定番の作りおき。
いつものきんぴらとは違い、
米酢を加えてさっぱりと仕上げます。
汁けがなくなるまで炒めるのも大切なポイント。
じゃこの塩けがあとを引くおいしさです。

材料（作りやすい分量）
にんじん … 2本
ちりめんじゃこ … 25g
米酢 … 小さじ2
みりん … 大さじ1
しょうゆ … 大さじ1
塩 … 少々
赤唐辛子（小口切り／種を取り除く）… $\frac{1}{2}$本分
ごま油 … 大さじ1

作り方

1 にんじんは細切りにする。
2 フライパンにごま油を中火で熱し、ちりめんじゃこを入れてさっと炒める。1を加えてしんなりするまで炒める。米酢、みりん、しょうゆを加え、汁けがなくなるまで炒め、塩、赤唐辛子を加え、さっと炒め合わせる。

作りおきメモ

酢を加えるのは味だけでなく、酢の防腐作用で、おいしく長持ちします。肉や魚の和風のおかずに添えるのはもちろん、お弁当のおかずとしてもぴったりです。

［保存：冷蔵4日間］

にんじんとたけのこの土佐ごま和え

乱切りにしたにんじんと
たけのこはゆでずに炒めて
蒸し焼きに。
しょうゆを加えたら
かつお節とごまをたっぷりと。

材料（作りやすい分量）

にんじん … 2本
たけのこ（水煮）… 200g
酒 … 大さじ1
みりん … 大さじ1
しょうゆ … 大さじ1
かつお節 … 1袋（5g）
白いりごま … 大さじ2
ごま油 … 大さじ1

作り方

1 にんじん、たけのこは乱切りにする。
2 フライパンにごま油を中火で熱し、1を入れて炒める。油がなじんだら、酒、みりんを加えて一煮立ちさせ、弱火にして蓋をし、6分ほど蒸し焼きにする。
3 中火にし、しょうゆを加えて絡め、火を止める。かつお節、白いりごまを加え、混ぜる。

作りおきメモ

仕上げにしょうゆを加えて火を止め、かつお節とごまで和えて旨みアップ。煮物風のごま和えは、ごはんにぴったり。

［保存：冷蔵4日間］

にんじんの春雨サラダ

老若男女問わず、大人気の春雨サラダにたっぷりの細切りにんじんを合わせました。しょうがと黒酢でさっぱり味の副菜です。

材料（作りやすい分量）

にんじん … 2本
長ねぎ … ½本
しょうが（せん切り）… 1かけ分
春雨 … 40g
酒 … 小さじ2
黒酢 … 大さじ2
しょうゆ … 大さじ2
塩 … ひとつまみ
白いりごま … 大さじ2
ごま油 … 大さじ1

作り方

1. にんじんは細切りにし、長ねぎは斜め薄切りにする。
2. 耐熱皿に1、しょうがを入れ、酒をふり、ふんわりとラップをして電子レンジで2分ほど加熱する。
3. 沸騰した湯に春雨を入れ、2分ほどゆでてざるにあげ、水けをペーパータオルで拭き、食べやすい長さに切る。
4. 2に3を加え、黒酢、しょうゆ、塩を加えて混ぜ、白いりごま、ごま油を加えて和える。

作りおきメモ

材料を切っている間に湯を沸かし、野菜は電子レンジ加熱、春雨は熱湯でゆでれば、短時間で仕上がります。春雨の水けをよく拭き取ってから、調味料で和えるのがコツ。

［保存：冷蔵4日間］

じゃがいも

春先に出回る新じゃがは、
皮が薄くて皮ごと食べられるから、
切って炒める、揚げるなどして食べるのが
おいしくておすすめです。
外はパリッと中はホクホクの食感を味わえます。
通年出回る男爵やメークイーンなどの
じゃがいもは煮物やサラダなどにぴったり。
いろいろな切り方や調理法、味つけで、
料理のバリエーションを広げて、
じゃがいものさまざまな食感と味わいを
楽しんでみてください。

柚子こしょうのジャーマンポテト

じゃがいもは、皮ごと切って
カリカリに炒めるのがおいしさの秘訣。
柚子の風味とピリッとした辛みが
アクセントに。
パンにもごはんにもよく合います。

材料（作りやすい分量）

じゃがいも … 5個
玉ねぎ … 1個
ベーコン（ブロック）… 80g
にんにく（つぶす）… 1かけ分
白ワイン … 80mℓ
柚子こしょう … 小さじ2
パセリ（みじん切り）… 適量
オリーブオイル … 大さじ1

作り方

1 じゃがいもはよく洗い、皮つきのまま3cm角に切る。玉ねぎは2cm角に切る。ベーコンは1cm幅の棒状に切る。

2 フライパンににんにく、オリーブオイルを入れて中火にかけ、ベーコンを加えて脂が出るまで炒める。じゃがいも、玉ねぎを加え、透き通るまで炒める。

3 2に白ワインを加えて弱火にし、蓋をして8分ほど蒸し焼きにする。蓋をあけ、柚子こしょうを加え、水分がなくなるまで炒め、パセリを散らす。

アレンジ

チーズをのせてグラタン風にしても。『柚子こしょうのジャーマンポテト』は、耐熱容器に入れ、ピザ用チーズをのせてオーブントースターで焼いてもおいしいです。朝食はもちろん、夜のワインのお供としてもぴったり。

［保存：冷蔵3日間］

じゃがいもゴルゴンゾーラのマリネ

ホクホク甘くておいしい蒸しじゃがいもとゴルゴンゾーラの塩けと辛み、アーモンドの食感がクセになるおいしさです。

材料（作りやすい分量）

じゃがいも … 5個
ゴルゴンゾーラ … 80g
アーモンド … 20粒
赤ワインビネガー … 大さじ1
粒こしょう（ホール）… 大さじ1
オリーブオイル … 大さじ2

作り方

1 じゃがいもはよく洗い、皮つきのまま十字に軽く切り目を入れ、蒸気のたった蒸し器に入れ、25分ほど蒸す。熱いうちに皮をむき、ボウルに入れ、フォークなどで粗くつぶす。

2 1が温かいうちに手でちぎったゴルゴンゾーラ、赤ワインビネガーを加えて混ぜ、粗く刻んだアーモンド、粒こしょう、オリーブオイルを加えて混ぜる。

作りおきメモ

赤ワインと相性がいい、ゴルゴンゾーラのマリネは、おつまみに最適。パスタや肉料理に組み合わせたり、バゲットにのせるのもおいしいのでおすすめです。

［保存：冷蔵3日間］

じゃがいもの みそバター炒め

コクのあるみそバター味がとろりとおいしい
ホクホクのじゃがいも炒め。
和風の献立や、お弁当のおかずにもぴったり。

材料（作りやすい分量）

じゃがいも … 5個
玉ねぎ … 1個
酒 … 大さじ2
水 … 80mℓ
みそ … 大さじ2
バター… 大さじ1
ごま油 … 小さじ2

作り方

1 じゃがいもは6等分のくし形に切り、水にさらす。玉ねぎは8等分のくし形に切る。

2 フライパンにごま油を中火で熱し、玉ねぎを加えて透き通るまで炒める。水けをきったじゃがいも、酒、水を加えて一煮立ちさせ、アクを取り除き、蓋をして弱めの中火で6分ほど蒸し焼きにする。

3 蓋をあけてみそを加え、全体になじませる。汁けがなくなるまで炒め、バターを加え、絡める。

作りおきメモ

じゃがいもは切ってから水にさらすと、表面のデンプン質を取るため、煮崩れを防ぎます。汁けがなくなるまで炒めることで保存性も高まります。

［保存：冷蔵4日間］

じゃがいもと鶏肉の塩煮

ゴロゴロとしたじゃがいもと
鶏手羽元のボリューム満点の煮物です。
昆布と鶏の旨みがじんわりしみておいしい。

材料（作りやすい分量）

じゃがいも … 5個
鶏手羽元 … 8本
長ねぎ … ½本
しょうが（皮つきのまま薄切り）… 1かけ分
昆布 … 5cm角1枚
酒 … 80mℓ
水 … 200mℓ
塩 … 小さじ1 ⅓
ごま油 … 大さじ1

作り方

1 じゃがいもは2〜4等分に切り、水にさらす。長ねぎは斜め薄切りにする。

2 フライパンにごま油を中火で熱し、しょうがを入れて香りがたったら、鶏肉、長ねぎを加えて表面に焼き目をつける。昆布、酒、水を加えて一煮立ちさせ、アクを取り除き、弱火にして落とし蓋をし、10分ほど煮る。

3 2に水けをきったじゃがいもを加えてひと混ぜし、さらに10分ほど煮る。塩を加え、5分ほど煮る。

作りおきメモ

まずは鶏手羽元と昆布でじっくり煮て旨みたっぷりのスープを取り、じゃがいもを加えて煮るのがおいしく仕上げるコツ。最後に塩で味をととのえます。

［保存：冷蔵3日間］

じゃがいもと玉ねぎのクミンアンチョビ炒め

にんにくとアンチョビ、クミンシードがふわっと香るスパイシーな炒め物。おつまみや洋風の献立の一品に。

材料（作りやすい分量）

じゃがいも … 5個
玉ねぎ … 1個
アンチョビフィレ … 4枚
にんにく（つぶす）… 1かけ分
クミンシード … 大さじ1
白ワイン … 50mℓ
塩 … 小さじ1/4
粗びき黒こしょう … 少々
オリーブオイル … 大さじ1

作り方

1 じゃがいも、玉ねぎは2cm角に切る。アンチョビはみじん切りにする。

2 フライパンににんにく、クミンシード、オリーブオイルを入れて中火にかけ、香りがたったらじゃがいも、玉ねぎを加え、透き通るまで炒める。

3 2にアンチョビ、白ワインを加えて一煮立ちさせ、弱火にして蓋をし、8分ほど炒め煮にし、塩、こしょうで味をととのえる。

作りおきメモ

作りおきおかずに、にんにくを使うときは、みじん切りにするのではなく、丸ごとつぶして調理するのがコツ。水分が出にくいので保存性も高まります。

［保存：冷蔵4日間］

じゃがいもと卵のサラダ

じゃがいもはじっくり時間をかけて蒸すことで、じゃがいもの水分が保たれたまま、旨み、甘みが引き立ち、ホクホクのおいしさに。

作り方：０４４ページ

せん切りじゃがいも
中華マリネ

じゃがいもはせん切りにして
水にさらし、デンプンを洗い流すこと。
シャキシャキの食感が生まれ、
マリネやサラダに使うと
新しい味に出会えます。

作り方：０４５ページ

じゃがいもと卵のサラダ

赤ワインビネガーとオリーブオイルがきいたシンプルなポテトサラダ。蒸したじゃがいもは熱いうちに調味すると味がなじみます。

材料（作りやすい分量）

じゃがいも … 5個
固ゆで卵 … 3個
パセリ（みじん切り）… 大さじ2
赤ワインビネガー … 大さじ1
塩 … 小さじ1
粗びき黒こしょう … 少々
オリーブオイル … 大さじ2

作り方

1 じゃがいもはよく洗い、皮つきのまま十字に軽く切り目を入れ、蒸気のたった蒸し器に入れ、25分ほど蒸す。熱いうちに皮をむき、ボウルに入れ、フォークなどで粗くつぶす。

2 1に赤ワインビネガー、塩を加えて混ぜ、粗く刻んだゆで卵、パセリ、オリーブオイルを加える。さっと混ぜ、こしょうをふる。

作りおきメモ

そのまま食べるのはもちろん、生ハムと一緒に盛り合わせてワインのお供に。食パンで挟んでサンドイッチにしたり、食パンにのせてチーズトーストにも。

［保存：冷蔵3日間］

せん切りじゃがいも中華マリネ

シャキシャキとしたじゃがいもの食感が新鮮なマリネ。ごま油、ナンプラーと黒酢、しょうがでさっぱりとした味わいです。

材料（作りやすい分量）

じゃがいも … 3個
しょうが（せん切り）… 1かけ分
酒 … 大さじ1
ナンプラー … 大さじ1
黒酢 … 大さじ1
白いりごま … 大さじ1
ごま油 … 大さじ1

作り方

1 じゃがいもはせん切りにし、水にさらす。
2 鍋に湯を沸かして酒を入れ、水けをきった1を加えて1分ほどゆでてざるにあげ、ペーパータオルで水けを拭く。
3 2が温かいうちに、しょうが、ナンプラー、黒酢を加えて混ぜ、ごま油を加え、白いりごまをふる。

作りおきメモ

こってりとした中華風の炒め物や煮物と組み合わせれば満足度の高い献立に。ピータンや蒸し鶏と一緒に盛り合わせて前菜としても。

［保存：冷蔵3日間］

揚げじゃがいもといんげんのレモンしょうゆ漬け

揚げたてをレモンしょうゆに浸して
じんわりと味をしみこませます。
さっぱりしていて止まらないおいしさです。

材料（作りやすい分量）

じゃがいも … 5個
さやいんげん … 15本
A
　レモン（スライス）… 4〜5枚
　レモン汁 … 大さじ2
　鶏がらスープ … 200mℓ
　しょうゆ … 大さじ1
揚げ油 … 適量

作り方

1 じゃがいもはよく洗い、皮つきのまま6〜8等分のくし形に切り、ざるに広げ、30分〜1時間おく。さやいんげんは端を切り落とす。
2 Aは耐熱容器に入れる。
3 鍋に揚げ油を注ぎ、じゃがいもを入れて中火にかける。箸で混ぜながらきつね色になるまで揚げ、取り出して2に浸す。
4 揚げ油を170℃にし、いんげんを1分30秒ほど揚げ、油をきり、3に加えて浸す。

作りおきメモ

じゃがいもは、表面を乾燥させることで水分が蒸発し、カラッと揚がります。必ず粗熱を取ってから冷蔵庫に保存して。

［保存：冷蔵4日間］

キャベツ

キャベツの旬は春と秋。
春キャベツは葉が柔らかくて
みずみずしいから、サラダや和え物に。
秋に出回る高原キャベツは、
しっかりした歯ごたえで甘みがあるので
炒め物や煮込み料理に向いています。
丸ごと1個を使い切って、
さまざまなおかずを作りおきしましょう。
おいしく食べきることが
フードロスを減らすことにもつながります。

キャベツとじゃこの柚子こしょうマリネ

からいりしたじゃことせん切りキャベツに
柚子こしょう、黒酢、青のりのみで味つけを。
ピリッと辛くてさっぱりとしたおいしさが絶品です。

材料（作りやすい分量）

キャベツ … ½個分
ちりめんじゃこ … 30g
塩 … 小さじ⅓
柚子こしょう … 小さじ1½
黒酢 … 大さじ1
青のり … 大さじ1
ごま油 … 大さじ1

作り方

1 キャベツはせん切りにし、塩を加えてしんなりするまで揉み、出てきた水分をぎゅっと絞る。
2 ちりめんじゃこは中火のフライパンでさっとからいりする。
3 柚子こしょうと黒酢を混ぜ合わせ、1、2、青のりを加えて手早く混ぜ、ごま油を加えてさっと和える。

アレンジ

副菜としてはもちろん、半田麺などの手延べそうめんや冷や麦などをゆでて水けをきり、『キャベツとじゃこの柚子こしょうマリネ』を混ぜるのもおすすめ。お好みでめんつゆなどをかけていただきましょう。

［保存：冷蔵4日間］

キャベツとミックスビーンズのマリネ

フライパンに材料を入れて蒸し煮にするだけでびっくりするほどおいしいマリネの完成。最後に粗びき黒こしょうをふって味を引き締めます。

材料（作りやすい分量）

キャベツ … 1/3個
玉ねぎ … 1/2個
ミックスビーンズ（缶）… 80g
にんにく（薄切り）… 1かけ分
A
- 赤ワインビネガー … 大さじ2
- 白ワイン … 大さじ2
- オリーブオイル … 大さじ2
- 塩 … 小さじ1

粗びき黒こしょう … 少々

作り方

1 キャベツ、玉ねぎは2cm角に切る。
2 フライパンに1、ミックスビーンズ、にんにく、Aを入れ、蓋をして中火にかける。
3 2が煮立ったら弱火にし、3分ほど蒸し煮にし、こしょうをふる。

作りおきメモ

赤ワインビネガーと白ワインの組み合わせが全体をおいしく仕上げています。肉や魚介類の洋風おかずの副菜にぴったり。パスタやピラフなどと一緒に組み合わせるのもおすすめ。

［保存：冷蔵3日間］

キャベツとささみのわさびマリネ

塩揉みキャベツとゆでささみの和風マリネ。
ツンとした辛さのわさびと
隠し味にナンプラーを使ったさわやかな一品。

材料（作りやすい分量）

キャベツ … ½個
鶏ささみ … 4本
塩 … 小さじ ⅓
酒 … 大さじ1
練りわさび … 小さじ1½
ナンプラー … 大さじ1
白いりごま … 小さじ2
ごま油 … 大さじ1

作り方

1 キャベツはせん切りにし、塩を加えてしんなりするまで揉み、出てきた水分をぎゅっと絞る。
2 ささみは筋を取り除き、酒を加えた湯で2分30秒ほどゆで、そのまま冷ます。水けをきり、食べやすく裂く。
3 練りわさび、ナンプラーを混ぜ合わせ、1、2を加えて和え、ごま油を加えてさっと和え、白いりごまをふる。

作りおきメモ

わさびは防腐作用もあるので、作りおきにはおすすめの香辛料。甘辛のおかずと相性がいいおかずです。『キャベツとじゃこの柚子こしょうマリネ』（P.49）と同様、麺に絡めても。

キャベツと豚しゃぶのナンプラーマリネ

豚ロースしゃぶしゃぶ用肉のボリュームがうれしい。塩揉みしたせん切りキャベツがあるから、そのまま盛りつけて夕食の一品に。

材料（作りやすい分量）

キャベツ … ½個
豚ロースしゃぶしゃぶ用肉 … 150g
塩 … 小さじ⅓
酒 … 大さじ1
ナンプラー … 大さじ1
黒酢 … 大さじ1
ごま油 … 大さじ1

作り方

1 キャベツはせん切りにし、塩を加えてしんなりするまで揉み、出てきた水分をぎゅっと絞る。

2 沸騰した湯に酒を加え、豚肉を1枚ずつ加えてゆで、水けをきる。

3 豚肉が温かいうちにナンプラー、黒酢で和えてなじませ、保存容器に1と供に入れ、ごま油をまわしかける。

作りおきメモ

キャベツは水分が多いので、塩揉みをしたら、ぎゅっとしっかり絞ることが重要なポイント。肉は温かいうちに調味料で和えるのがおいしさのコツ。

［保存：冷蔵3日間］

ゆでキャベツとしょうがのおかか和え

超シンプルな副菜も、たっぷり作っておくと便利。
しょうがと米酢でさっぱりと、
かつお節としょうゆで旨みをプラスしましょう。

材料（作りやすい分量）

キャベツ … ½個
しょうが（せん切り）… 1かけ分
かつお節 … 10g
酒 … 大さじ1
しょうゆ … 大さじ1
米酢 … 小さじ1

作り方

1 キャベツは5cm角に切る。

2 沸騰した湯に酒を加え、1を入れて1分ほどゆでてざるにあげて、水けをきり、ペーパータオルで水けを拭く。

3 2が温かいうちにしょうが、しょうゆ、米酢を加えて和え、さらにかつお節を加えて和える。

作りおきメモ

とにかく水けをしっかり拭き取ることが、おいしく長持ちさせるコツ。味をなじませるには、食材が温かいうちに調味料を加えることです。

［保存：冷蔵3日間］

キャベツとベーコンのザブジ

ベーコンとにんにくの旨みがじんわりおいしいザブジを作りおきしておけば、カレー、タンドリーチキンなどの副菜に。

材料（作りやすい分量）

キャベツ … 1/3個
玉ねぎ … 1/2個
にんじん … 1/2本
ベーコン（スライス）… 80g
にんにく（つぶす）… 1かけ分
カレー粉 … 小さじ1
白ワイン … 80mℓ
塩 … 小さじ2/3
粗びき黒こしょう … 少々
オリーブオイル … 大さじ1 1/2

作り方

1 キャベツは1cm幅に切り、玉ねぎは繊維に沿って薄切りにする。にんじんとベーコンは細切りにする。

2 フライパンににんにく、カレー粉、オリーブオイルを入れて中火にかけ、香りがたったら1を加え、しんなりするまで炒める。白ワインを加えて蓋をし、弱火にして4分ほど蒸し煮にする。

3 2に塩、こしょうを加え、さっと混ぜる。

アレンジ

そのまま食べるのはもちろん、食パンに『キャベツとベーコンのザブジ』を挟んで、ホットサンドメーカーで、焼き上げるのがおすすめ。スライスチーズやハムなどを一緒に挟んでもおいしいです。

［保存：冷蔵3日間］

キャベツと切り干し大根の中華和え

シャキシャキのキャベツと
ポリポリとした食感が
おいしい切り干し大根の和え物。
しょうがが、黒酢、ナンプラーが味の決め手です。

材料（作りやすい分量）

キャベツ … 1/3個
切り干し大根 … 40g
しょうが（せん切り）… 1かけ分
塩 … 小さじ1/3
A
　ナンプラー … 小さじ2
　黒酢 … 大さじ1
七味唐辛子 … 適量
ごま油 … 大さじ1

作り方

1 キャベツはせん切りにし、塩を加えてしんなりするまで揉み、出てきた水分をぎゅっと絞る。
2 切り干し大根はさっと洗い、かぶるくらいの水に6分ほど漬けて戻し、水けをぎゅっと絞り、食べやすい長さに切る。
3 1、2、しょうが、Aを混ぜ合わせ、ごま油を加えて和え、七味唐辛子をふる。

作りおきメモ

それぞれの食材の水分をしっかりと絞ることが大切なポイント。とてもさっぱりとした一品なので、麺料理や丼などの箸休め的な役割もしてくれます。

［保存：冷蔵4日間］

キャベツとツナの豆板醤和え

ゆでキャベツとツナを和えるだけの簡単な一品。いつもはマヨネーズなど洋風に偏りがちですが豆板醤がピリリときいた中華風もおすすめです。

材料（作りやすい分量）

キャベツ … 1/3個
ツナ缶（油漬け）… 大1缶
酒 … 大さじ1
A
　しょうが（すりおろし）… 1かけ分
　豆板醤 … 小さじ1
　しょうゆ … 大さじ1

作り方

1 キャベツは3cm角に切り、酒を加えた湯で1分ほどゆでてざるにあげ、水けをペーパータオルで拭く。

2 ツナは軽く油をきってからほぐし、1、Aと和える。

作りおきメモ

ツナ缶は油漬けを使用するので、オイルをプラスする必要もなく、シンプルにしょうが、豆板醤、しょうゆでおいしい。ごはんにのせたり、麺と和えても。

キャベツとハムのマカロニサラダ

ど定番のマカロニサラダに、塩揉みキャベツをたっぷりと加えてボリューム&食感アップ。米酢をきかせることで味を引き締めます。

材料（作りやすい分量）

キャベツ … ⅓個
マカロニ … 80g
ロースハム … 5枚
塩 … 小さじ⅓
A
　マヨネーズ … 大さじ2½
　米酢 … 小さじ1

作り方

1 マカロニは塩少々（分量外）を加えた湯で袋の表示通りにゆで、ざるにあげて水けをきる。

2 キャベツはせん切りにし、塩を加えてしんなりするまで揉み、出てきた水分をぎゅっと絞る。ハムは細切りにする。

3 ボウルに1、2、混ぜ合わせたAを入れて和える。

作りおきメモ

マヨネーズと米酢は、あらかじめ混ぜ合わせておいたほうが、全体にムラなく混ざります。洋の献立の一品に、朝食やお弁当のおかずにもぴったりです。

［保存：冷蔵3日間］

なす

夏から秋にかけて旬を迎えるなすは、みずみずしくて、とろりとした果肉が柔らかくておいしい野菜です。皮目には、ポリフェノールもたっぷり。なすはほとんどが水分なので、火を通すとふわっと、トロッと柔らかに。油との相性もいいから、たっぷりのなすをオイル漬けや揚げなす、炒め物、煮物などにして、毎日の食卓にのせておいしくいただきましょう。

なすのオイル煮

耐熱容器になすとオイル、調味料を入れて
蒸し器で蒸すタイプのオイル煮。
直接加熱するのではなく、
まわりからじんわり加熱するから、
驚くほどみずみずしくておいしくなります。

材料（作りやすい分量）

なす … 4本
ローリエ … 2枚
粒こしょう … 大さじ1
A
- 白ワイン … 80mℓ
- ナンプラー … 大さじ2
- オリーブオイル … 80mℓ

作り方

1. なすはヘタを残して皮をむき、縦に2等分に切り、水に5分ほどさらして水けをきる。
2. 耐熱容器に1、ローリエ、粒こしょう、Aを入れ、蒸気のたった蒸し器に入れ、15分ほど蒸し、そのまま冷ます。

アレンジ

温かいままでも、冷やしてもおいしい『なすのオイル煮』。ワインのお供に、刻んでバゲットにのせてブルスケッタ風にしてもおいしい。フードプロセッサーでペースト状にしてスプレッドとしても。

［保存：冷蔵5日間］

揚げなすのだし漬け

なすは、油と相性がいいので、揚げなすは欠かせません。揚げたてのアツアツを漬け汁に浸せば、じんわりと中まで味がしみておいしくなります。

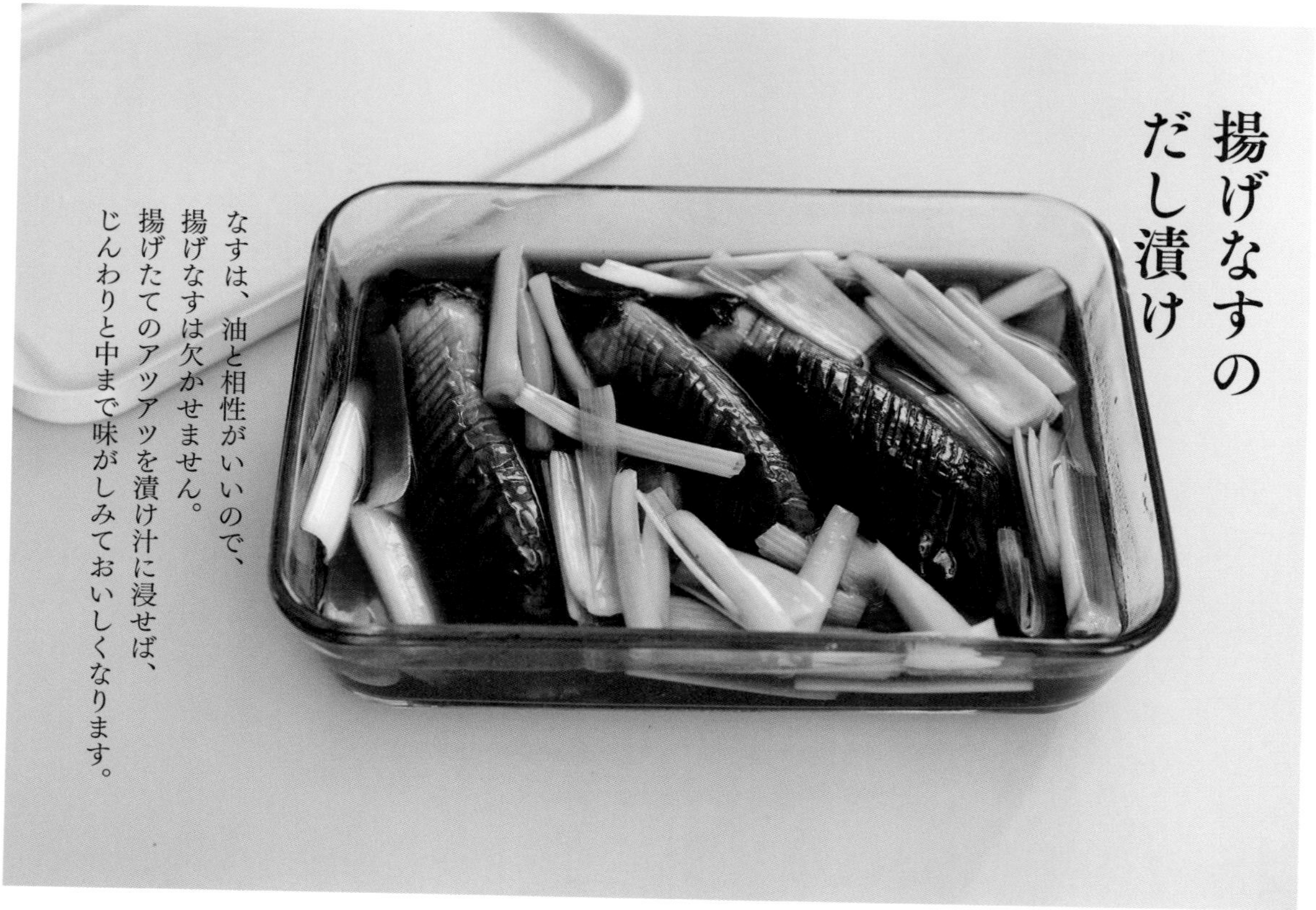

材料（作りやすい分量）

なす … 4本
長ねぎ … 1本
A
- だし汁 … 300mℓ
- 酒 … 50mℓ
- しょうゆ … 大さじ2
- 塩 … 小さじ$\frac{1}{4}$
- 米酢 … 大さじ1

揚げ油 … 適量

作り方

1. なすはヘタを残して縦に2等分に切り、斜めに切り目を入れ、水に5分ほどさらして水けをきり、ペーパータオルで拭く。長ねぎは5cm長さに切り、縦に2等分に切る。
2. 小鍋にAを入れて火にかけ、一煮立ちしたら保存容器に入れる。
3. 揚げ油を170℃に熱し、1を入れて軽く色づくまで4〜5分揚げ、油をきり、熱いうちに2に浸す。

作りおきメモ

なすは、皮に切り目を入れることで、火が通りやすくなります。また、揚げるときは、水けをしっかりと拭き取ること。温めても、冷やしてもおいしくいただけます。

［保存：冷蔵4日間］

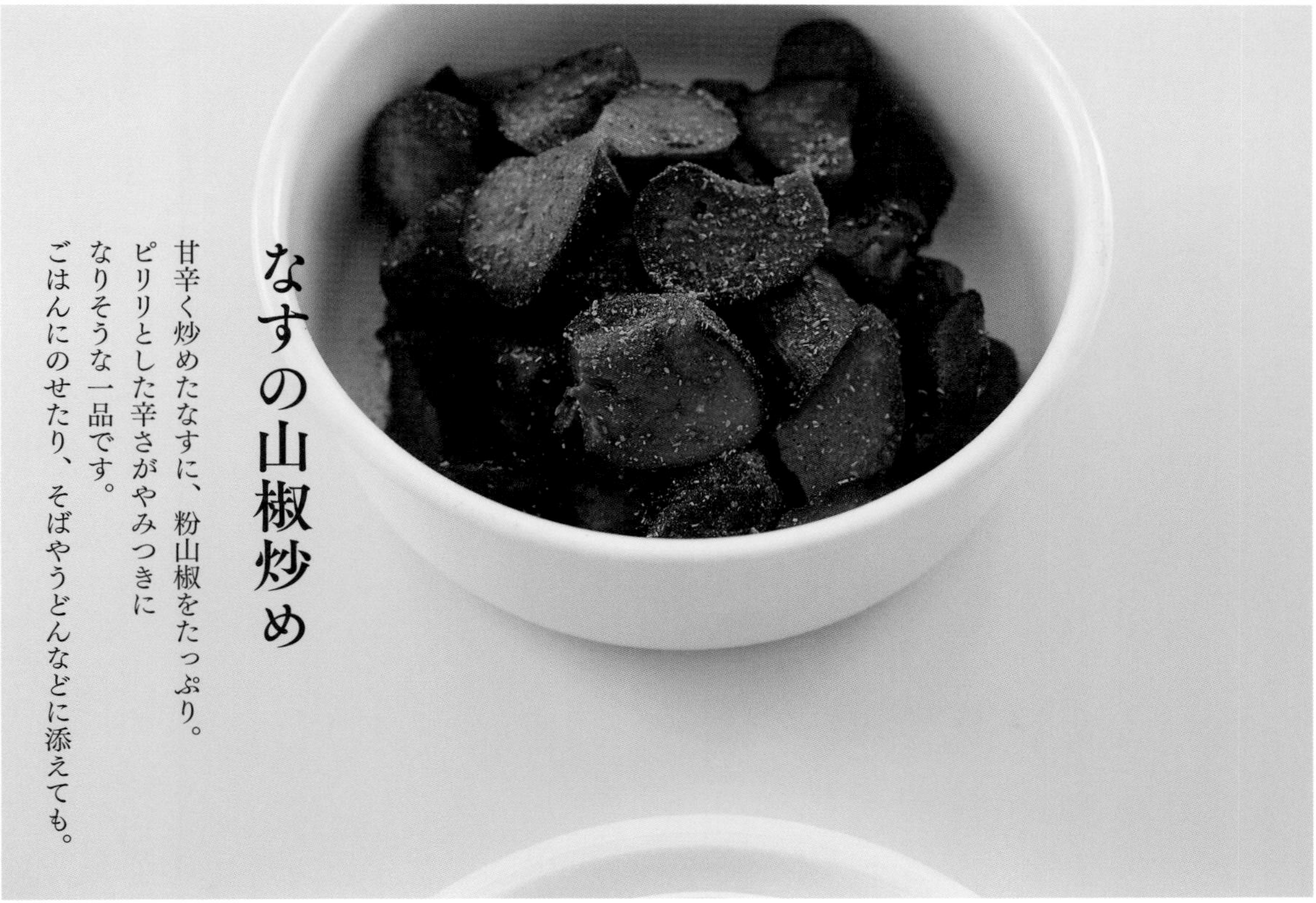

なすの山椒炒め

甘辛く炒めたなすに、粉山椒をたっぷり。
ピリリとした辛さがやみつきに
なりそうな一品です。
ごはんにのせたり、そばやうどんなどに添えても。

材料（作りやすい分量）

なす … 4本
酒 … 大さじ2
みりん … 大さじ1
しょうゆ … 大さじ1
塩 … 小さじ1/3
粉山椒 … 小さじ1〜小さじ1 1/2
ごま油 … 大さじ3

作り方

1. なすは乱切りにし、水に5分ほどさらして水けをきる。
2. フライパンを中火で熱し、ごま油、1を入れてしんなりするまで炒める。酒、みりん、しょうゆを加えて一煮立ちさせ、弱めの中火にして汁けがなくなるまで炒める。
3. 塩を加えてさっと混ぜ、粉山椒をまぶす。

作りおきメモ

なすを多めの油で炒めて調味料を加えてから、汁けがなくなるまで炒めます。焼き魚や肉の塩焼きなどに組み合わせるのもおすすめです。

［保存：冷蔵4日間］

なすといんげんのくたくた煮

和食の献立に一品添えたい、
昔ながらの煮物。
くたくたになるまで弱火で
煮含めるので、ふわっと柔らかく、
ほっとするおいしさの一品です。

材料（作りやすい分量）

なす … 4本
さやいんげん … 15本
しょうが（せん切り）… 1かけ分
A
　酒 … 50mℓ
　みりん … 大さじ1
　だし汁 … 400mℓ
しょうゆ … 大さじ2
ごま油 … 小さじ2

作り方

1 なすは縦に6等分に切り、水に5分ほどさらして水けをきる。さやいんげんは端を切り落とす。

2 鍋を中火で熱し、ごま油、しょうがを入れて香りがたったら、1を加えて油がなじむまで炒める。

3 2にAを加えて一煮立ちさせ、アクを取り除き、弱火にして蓋をし、10分ほど煮る。

4 3にしょうゆを加え、さらに10分煮る。

作りおきメモ

なすといんげんを20分かけてコトコト煮て、柔らかく仕上げるのがコツ。保存容器に入れて煮汁に浸し、粗熱が取れたら、蓋をして冷蔵庫へ。温めても、冷たいままでもおいしい常備菜です。

［保存：冷蔵4日間］

なすと鶏肉の黒酢煮

黒酢のコクがたまらない、こっくり味の中華風の煮物。ボリュームがあるので、これだけでも十分なごはんのおかずに。温めていただきましょう。

材料（作りやすい分量）

なす…4本
鶏もも肉…250g
玉ねぎ…1個
しょうが(せん切り)…1かけ分
片栗粉…大さじ2
紹興酒…大さじ3
黒酢…大さじ2
しょうゆ…大さじ1
塩…小さじ1/3
ごま油…大さじ2

作り方

1 なすは1cm厚さの輪切りにし、水に5分ほどさらして水けをきる。鶏肉は好みで皮を取り除き、4cm角に切って片栗粉をまぶす。玉ねぎはくし形に切る。

2 フライパンを中火で熱し、ごま油、しょうがを入れて香りがたったら、1を加えて鶏肉に焼き目がつくまで焼く。

3 2に紹興酒、黒酢を加えて一煮立ちさせ、蓋をして弱火で8分ほど加熱し、しょうゆ、塩を加え、絡める。

作りおきメモ

紹興酒がなければ日本酒でもOKですが、紹興酒の方が、より深みが出ておいしくなります。鶏肉にまぶした片栗粉がとろみになるので、絡めるように炒めましょう。

［保存：冷蔵3日間］

なすと豚肉の
みそ煮

ごはんが進む、甘辛い常備菜。
なすに豚肉の旨みと
甘辛いみそ味がよく合います。
晩ごはんのおかずはもちろん、
ビールのおつまみに。

材料（作りやすい分量）

なす … 4本
豚ロース薄切り肉 … 150g
長ねぎ … $\frac{1}{3}$本
しょうが（せん切り）… 1かけ分
片栗粉 … 大さじ2
A
　酒 … 大さじ2
　みりん … 大さじ2
　みそ … 大さじ1
しょうゆ … 小さじ2
白いりごま … 小さじ2
ごま油 … 大さじ2

作り方

1 なすは乱切りにし、水に5分ほどさらして水けをきる。豚肉は一口大に切り、片栗粉をまぶす。
2 長ねぎは斜め薄切りにする。
3 フライパンを中火で熱し、ごま油、しょうがを入れて香りがたったら、1を加えてなすがしんなりし、豚肉に火が通るまで炒める。
4 3に2を加えてさっと炒め、Aを加えて汁けがなくなるまで炒め煮する。しょうゆを加え手早く混ぜ、白いりごまをふる。

アレンジ

炊きたてのごはんにのせるだけでも十分おいしい。卵焼きの具として、芯にして巻いて仕上げるのもおすすめです。朝食の一品や、お弁当のおかずにも。

［保存：冷蔵3日間］

なすとひき肉のドライカレー

2cm角に切ったなすと玉ねぎ、ひき肉を炒めたスパイシーでコクのあるドライカレー。ごはんにのせたり、パンに挟んでもおいしい。

材料（作りやすい分量）

なす … 4本
玉ねぎ … 1個
牛ひき肉 … 200g
にんにく（みじん切り）… 1かけ分
カレー粉 … 大さじ1⅓
赤ワイン … 100mℓ
ウスターソース … 大さじ2
しょうゆ … 大さじ1
塩 … 小さじ⅓
粗びき黒こしょう … 少々
パセリ（みじん切り）… 大さじ1
オリーブオイル … 大さじ1

作り方

1 なすは2cm角に切る。玉ねぎは粗みじん切りにする。

2 フライパンににんにく、カレー粉、オリーブオイルを入れ、中火にかける。香りがたったら1を加え、しんなりするまで炒める。

3 2にひき肉を加えて肉の色が変わるまで炒め、赤ワイン、ウスターソースを加え、煮立たせながら汁けがなくなるまで炒める。しょうゆ、塩、こしょうを加えて味をととのえ、パセリを散らす。

作りおきメモ

オリーブオイルでにんにく、カレー粉を最初に炒め、香りを出すのがおいしさのコツ。帰ってから温めるだけなので、スープを作って添えるだけで夕飯の完成。お留守番の子どものごはんにも。

［保存：冷蔵3日間］

なすとレンズ豆のマリネ

なすは乱切りにして揚げなすにして、他の材料と調味料でざっくり和えるだけ。ナンプラーとレモン汁がエスニックな味わいに。

材料（作りやすい分量）

なす … 4本
紫玉ねぎ … 1/2個
レンズ豆（乾燥）… 100g
ナンプラー … 大さじ2
レモン汁 … 大さじ2
粗びき黒こしょう … 少々
揚げ油 … 適量

作り方

1 なすは乱切りにし、紫玉ねぎはみじん切りにする。それぞれ水に5分ほどさらして水けをきり、ペーパータオルで拭く。

2 レンズ豆は鍋に入れ、かぶるくらいの水と塩少々（分量外）を加えて中火にかける。煮立ったら弱めの中火にし、12分ほどゆでて湯をきる。

3 揚げ油を170℃に熱し、なすを軽く色づくまで揚げ、油をきる。

4 ボウルに2、3、紫玉ねぎ、ナンプラー、レモン汁を入れて和え、こしょうをふる。

作りおきメモ

カオマンガイやカレー、蒸し鶏などと組み合わせたり、パスタやサンドイッチに添えても。赤ワインにもよく合うので、おつまみとしてもおすすめです。

［保存：冷蔵4日間］

トマト

夏に出回る、真っ赤に熟れた旬のトマト。
甘みが強くてみずみずしく、
味が濃くて、食卓には欠かせない野菜です。
最近では、ミニトマトやミディトマトなど
種類も彩りも豊富なので料理に合わせて
使い分けると楽しいですね。
シンプルにサラダにして食べるのもいいけれど、
さまざまな料理に使うのもおいしいもの。
煮物や煮込み料理、マリネに使って
おいしく食べきりましょう。

トマトと合いびき肉のメキシカンミート

ピリッと辛いチリパウダーがきいたタコスミート。
トマトは最後に加えてフレッシュ感を生かします。
まとめて作っておけば、温めてごはんにかける、
パンに添える、パスタに絡めるだけで
大人から子どもまで喜ばれる一品に。

材料（作りやすい分量）

トマト … 大2個
玉ねぎ … ½個
合いびき肉 … 250g
にんにく（つぶす）… 1かけ分
白ワイン … 大さじ3
チリパウダー … 小さじ½
塩 … 小さじ1
粗びき黒こしょう … 少々
オリーブオイル … 小さじ2

作り方

1 トマトは3cm角に切る。玉ねぎは粗みじん切りにする。

2 フライパンにオリーブオイル、にんにくを入れ、中火にかける。香りがたったらひき肉、玉ねぎを加え、玉ねぎが透き通るまで炒める。白ワインを加えて一煮立ちさせ、蓋をして弱火で5分ほど蒸し炒めにする。

3 2を中火に戻し、トマト、チリパウダー、塩、こしょうを加え、さっと炒める。

アレンジ

パンに『トマトと合いびき肉のメキシカンミート』とピザ用チーズをのせて焼いてピザトーストに。また、市販のトルティーヤにサニーレタス、メキシカンミート、チーズをのせて巻いて食べるのもおすすめです。

［保存：冷蔵3日間］

ミニトマトときのこのアフォガード

『アフォガード＝溺れる』という意味のイタリア風煮込み料理。白ワインとミニトマト、きのこの水分だけで蒸し煮にするから旨みが濃厚です。

材料（作りやすい分量）

ミニトマト … 12個
玉ねぎ … ½個
マッシュルーム … 6個
しめじ … 1パック（100g）
えのきだけ … 1パック（80g）
にんにく（つぶす）… 1かけ分
白ワイン … 50mℓ
塩 … 小さじ1
粗びき黒こしょう … 少々
オリーブオイル … 大さじ2

作り方

1 ミニトマトは縦に4等分に切り、玉ねぎは繊維に沿って薄切りにする。マッシュルームは石づきを切り落として4等分に切る。しめじは石づきを切り落とし、ほぐす。えのきだけは根元を切り落とし、3cm長さに切る。

2 フライパンに1、にんにく、白ワイン、オリーブオイル、塩を入れ、蓋をして中火にかけ、煮立ったら弱火にし5分ほど蒸し煮にする。

3 2が冷めたら保存容器に入れ、こしょうをふる。

作りおきメモ

アフォガードは、肉や魚のソテー、フライ、煮込み料理などに組み合わせるとさっぱりとしておいしい。おいしいバゲットなどを添えて。

［保存：冷蔵3日間］

トマトとズッキーニのクミン炒め

クミンの香りがスパイシーな炒め物は、
さっぱりとみずみずしいので、
こってりした主菜に添えて。
肉だけでなく、魚介料理、パスタにもよく合います。

材料（作りやすい分量）

ミニトマト … 12個
ズッキーニ … 大1本
にんにく（つぶす）… 1かけ分
クミンシード … 大さじ1½
白ワイン … 大さじ2
塩 … 小さじ⅔
オリーブオイル … 大さじ1

作り方

1 ミニトマトは横に2等分に切る。ズッキーニは1cm厚さの半月切りにする。
2 フライパンにオリーブオイル、にんにく、クミンシードを入れ、弱めの中火にかける。香りがたったらズッキーニを加え、軽く焼き目がつくまで炒める。
3 2を中火にし、ミニトマト、白ワイン、塩を加え、さっと炒める。

作りおきメモ

ミニトマトは横半分に切ることで、適度にトマトの水分が出て全体に味がなじみます。ズッキーニを先に軽く焼いて、仕上げにミニトマトを加えて仕上げるのがコツ。

［保存：冷蔵3日間］

トマトと油揚げのだし煮

トマトのおでんをイメージしたおいしいだし煮です。
油揚げと一緒にすることで、
コクと旨みをプラスします。
夏は冷やして食べるのがおすすめです。

材料（作りやすい分量）

トマト … 中5〜6個
油揚げ … 大1枚
しょうが(せん切り) … 1かけ分
A
　だし汁 … 300mℓ
　酒 … 大さじ2
　みりん … 大さじ1
　しょうゆ … 小さじ1
　塩 … 小さじ⅔

作り方

1 沸騰した湯に十字に切り込みを入れたトマトを入れてさっとくぐらせ、皮がはじけたら冷水にとって皮をむき、水けをペーパータオルで拭き、保存容器に入れる。
2 油揚げは熱湯をまわしかけて油抜きをし、一口大の三角形に切り、1に入れる。
3 鍋にA、しょうがを入れて中火にかけ、一煮立ちしたら2に注ぐ。

作りおきメモ

湯むきにした丸ごとトマトは、煮崩れしやすいので一煮立ちさせた煮汁を注いで、余熱で火を通します。冷蔵庫に保存するときは、粗熱がしっかり取れてから。じんわりだしがしみる頃が食べ頃です。

［保存：冷蔵4日間］

さばのトマト煮

トマトとさばの相性は抜群です。
今回はトマト水煮缶ではなく、旬のトマトを使います。
フレッシュなトマトの酸味がおいしい煮込みに。

材料（作りやすい分量）

トマト … 大2個
玉ねぎ … 1/2個
塩さば … 1尾分
にんにく（つぶす）… 1かけ分
薄力粉 … 大さじ2
白ワイン … 50mℓ
ローリエ … 1枚
塩 … 小さじ1
粗びき黒こしょう … 少々
オリーブオイル … 大さじ1

作り方

1 トマトは横に2等分に切って種を取り除き、ざく切りにする。玉ねぎは繊維に沿って薄切りにする。
2 さばは3cm幅に切り、薄力粉をはたく。
3 フライパンにオリーブオイル、にんにくを入れて中火にかけ、香りがたったら2を加えて全体に焼き目がつくまで焼く。
4 3に1を加えてさっと炒め、白ワイン、ローリエを加えて一煮立ちさせたら、弱火にして蓋をし、8分ほど煮る。塩、こしょうで味をととのえる。

作りおきメモ

トマトは種を取ってから煮込むと、口当たりが滑らかに。白ワインを加えて蒸し煮にすることで、旨みが凝縮します。水分が出やすいので、食べるときは少し煮詰めてもいいでしょう。

［保存：冷蔵3日間］

トマトと鶏肉のサルサマリネ

トマトを輪切りにしてから、
スプーンで種を取り除きます。
湯むきしたり、種を取る一手間が、
食感をよくして
おいしく仕上げる最大のコツ。

作り方：０７８ページ

鶏肉を蒸し焼きにして、
温かい状態のまま、
汁ごとボウルに入れて。
トマトと調味料を加え、
ざっくりと和えると、
味がよくなじみます。

トマトと鶏肉のサルサマリネ

暑い夏に食べたいサルサマリネ。
タバスコの辛みとトマトの酸味がさわやかです。
鶏肉をソテーして和えているので、
主菜としても。

材料（作りやすい分量）

トマト … 大2個
鶏もも肉 … 250g
玉ねぎ … 1/2個
にんにく（つぶす）… 1かけ分
白ワイン … 大さじ2
塩 … 小さじ1/3
粗びき黒こしょう … 少々
ナンプラー … 大さじ1
タバスコ … 少々
オリーブオイル … 大さじ1

作り方

1 トマトは横に2等分に切って種を取り除き、2cm角に切る。玉ねぎは1cm角に切り、水に5分ほどさらして水けをペーパータオルで拭く。

2 鶏肉は好みで皮を取り除き、食べやすい大きさに切る。

3 フライパンにオリーブオイル、にんにくを入れて中火にかけ、香りがたったら2を加えて軽く焼き目がつくまで焼く。

4 3に白ワインを加えて一煮立ちさせたら、弱火にして蓋をし、8分ほど蒸し焼きにし、塩、こしょうをふる。

5 ボウルに1、4、ナンプラー、タバスコを入れて和える。

作りおきメモ

保存するときは鶏肉の粗熱がしっかり取れてから蓋をして冷蔵庫へ。食べるときは冷たいままでも、温めてもOKです。

［保存：冷蔵3日間］

トマトとたこのマリネ

角切りのトマトとゆでだこの
シンプルな組み合わせは、
さっぱりとさわやかな味わい。
クリーム煮などの煮込み料理と組み合わせて。

材料（作りやすい分量）

トマト … 大2個
ゆでだこ … 200g
ナンプラー … 大さじ1
レモン汁 … 大さじ1
粗びき黒こしょう … 少々
オリーブオイル … 大さじ2

作り方

1 トマトは3cm角に切る。たこは水洗いし、ペーパータオルで水けを拭き、乱切りにする。

2 ボウルに1、ナンプラー、レモン汁を入れて和え、なじんだらオリーブオイルを加え、ひと混ぜし、こしょうをふる。

作りおきメモ

トマトは水が出やすいので、しっかりと水けを拭き取ること。調味料で和えて一度なじませてから、オイルで和えるとおいしいマリネに仕上がります。

［保存：冷蔵3日間］

トマトのねぎポン酢マリネ

マリネ液は、紹興酒とポン酢、ごま油を同じ割合で合わせるだけ。トマトの酸味と長ねぎ、しょうがの辛みと香りでグッと中華風の味わいに。

材料（作りやすい分量）

トマト … 大2個
長ねぎ … 1本
A
- しょうが（みじん切り）… 1かけ分
- 紹興酒 … 大さじ2
- ポン酢 … 大さじ2
- ごま油 … 大さじ1

白いりごま … 大さじ2

作り方

1 トマトはくし形に切り、保存容器に入れる。
2 長ねぎは小口切りにする。
3 鍋にAを入れ、2を加えて中火にかける。煮立ったら1にかけてなじませ、白いりごまを加え、さっと混ぜる。

作りおきメモ

Aと長ねぎを煮立たせて、熱いうちに生のトマトにかけるだけ。粗熱が取れる頃には、味がなじんでおいしくなります。蒸し鶏に添えたり、冷や奴のトッピングにもおすすめです。

［保存：冷蔵4日間］

ピーマン

ほんのりとした苦みがおいしいピーマン。
最近では、緑だけでなく、赤、黄、
オレンジ、白、紫など、色とりどりの
カラーピーマンやパプリカをよく見かけます。
ピーマンやパプリカを使った作りおきは
ビタミンカラーでとっても華やか。
テーブルに一品並べるだけで、パッと明るい食卓に。
ピーマンが苦手な人でも、おいしく食べられる
レシピをたくさんご紹介します。

ピーマンと玉ねぎのカレーマリネ

ピーマンは輪切りにすることで、
かわいいリング状になり、
赤、緑、玉ねぎの白で見た目も華やかな一品です。
肉や魚のソテーのつけ合わせや、
ビールのおつまみとしても最適です。

材料（作りやすい分量）

ピーマン（緑・赤）… 各3個
玉ねぎ … 1個
にんにく（つぶす）… 1かけ分
カレー粉 … 小さじ2
白ワイン … 大さじ2
ナンプラー… 大さじ1
オリーブオイル … 大さじ1

作り方

1. ピーマンは横に1cm幅に切る。玉ねぎは1cm幅の輪切りにする。
2. フライパンにオリーブオイル、にんにく、カレー粉を入れ、弱めの中火にかけ、香りがたったら1を加えてさっと炒める。
3. 2に白ワイン、ナンプラーを加えて蓋をし、弱火で6分ほど蒸し焼きにする。

アレンジ

かじきまぐろなどの切り身魚に小麦粉をまぶしてソテーにし、『ピーマンと玉ねぎのカレーマリネ』をたっぷりかけてソース代わりに。チキンソテーやポークステーキにもよく合います。

［保存：冷蔵4日間］

ピーマンときのこのレモンナンプラー炒め

ピーマンときのこ、玉ねぎの炒め物は、しょうがとナンプラー、レモン汁をきかせてエスニック風の味わいに。

材料（作りやすい分量）

ピーマン … 4個
玉ねぎ … ½個
しめじ … 1パック(100g)
しょうが(せん切り)… 1かけ分
レモン(スライス)… 3〜4枚
酒 … 大さじ2
ナンプラー… 大さじ1
レモン汁 … 大さじ1
オリーブオイル … 大さじ1

作り方

1 ピーマンは3cm角に切り、玉ねぎは2cm角に切る。しめじは石づきを切り落としてほぐす。

2 フライパンを中火で熱し、オリーブオイル、しょうがを入れて香りがたったら、玉ねぎ、しめじを加え、しんなりするまで炒める。酒、ナンプラーを加えて一煮立ちさせ、ピーマン、レモン汁を加えてさっと炒め合わせ、火を止めて冷ます。

3 2を保存容器に入れ、レモンをのせる。

作りおきメモ

輪切りのレモンをのせてから保存すると、レモンのさわやかな香りが生かされます。毎日のおかずの一品に、ビールのおつまみにもぴったりです。

［保存：冷蔵3日間］

ピーマンと鶏肉、うずらの旨煮

鶏肉とピーマン、にんじん、うずらを甘辛く煮た旨煮。緑黄色野菜とたんぱく質が一皿でとれる栄養価の高い一品。ごはんにのせて丼にしてもおいしいです。

［保存：冷蔵3日間］

材料（作りやすい分量）

ピーマン … 4個
鶏もも肉 … 250g
にんじん … 1本（80g）
うずらの卵（ゆでたもの）… 8〜10個
しょうが（せん切り）… 1かけ分
酒 … 80mℓ
みりん … 大さじ1
しょうゆ … 大さじ1
塩 … 小さじ1/3
ごま油 … 小さじ2＋少々
A
　片栗粉 … 小さじ2
　水 … 大さじ1

作り方

1 ピーマンは乱切りにする。鶏肉は好みで皮を取り除き、一口大に切る。にんじんは乱切りにする。
2 フライパンを中火で熱し、ごま油小さじ2としょうがを入れ、香りがたったら鶏肉を加え、表面に焼き目をつける。にんじんを加えてさっと炒め、酒、みりんを加えて一煮立ちさせ、蓋をして弱火で5分ほど加熱する。
3 2にピーマン、うずらの卵、しょうゆ、塩を加え、蓋をしてさらに3分ほど煮る。
4 3に合わせたAを加えてとろみをつけ、ごま油少々を加える。

作りおきメモ

肉やにんじんは、先に調味料を加えて煮て火を通しておきます。ピーマンは色が褪色しやすいから、最後に加えて煮て色鮮やかに。とろみをつけると食べやすくなります。

ピーマンと豚しゃぶの甘酢漬け

ピーマンを先にゆでてから、同じ湯に酒を加え、豚肉を表面の色が変わるまでさっとゆでます。同じ湯でゆでるから短時間で仕上がります。

作り方：０８８ページ

パプリカと鮭のマリネ

パプリカは皮が真っ黒に焦げるまで
焼くのが甘みを引き出すコツ。
冷水につけて表面の皮をむきます。
甘くてとろりと柔らかい
食感がマリネにぴったり。

作り方：０８９ページ

ピーマンと豚しゃぶの甘酢漬け

さっぱりとした甘酢にピーマンと豚しゃぶ肉を浸すだけの簡単な作りおき。食欲のないときでも、おいしく食べられます。

材料（作りやすい分量）

ピーマン（緑・赤）… 各3個
豚ロースしゃぶしゃぶ用肉 … 150g
A
- 赤唐辛子（種を取り除く）… ½本分
- 酒 … 50mℓ
- みりん … 50mℓ
- 米酢 … 50mℓ
- 塩 … 小さじ1

酒 … 大さじ1
ごま油 … 小さじ2

作り方

1 ピーマンは縦に2cm幅に切る。
2 小鍋にAを入れて中火にかけ、一煮立ちしたら保存容器に入れる。
3 沸騰した湯にごま油、1を入れ、30秒ほどゆでてざるにあげ、水けをきり、2に加えて絡める。
4 同じ湯に酒を加え、豚肉を1枚ずつ加えてゆで、水けをきり、3に加えて絡める。

作りおきメモ

甘酢にゆでたピーマンと豚しゃぶ肉を絡めるときは、水けをよくきること。ごはんはもちろん、そうめんなどの麺料理に添えるのもおすすめ。

［保存：冷蔵3日間］

パプリカと鮭のマリネ

パプリカを網焼きにすると、
とろりと甘みが出ておいしくなります。
鮭は白ワイン蒸しにして身もふっくらに。

材料（作りやすい分量）

パプリカ（赤・黄）… 各1個
玉ねぎ … 1/2個
生鮭（切り身）… 4切れ
塩 … 小さじ1/3
薄力粉 … 大さじ3
白ワイン … 大さじ3
A
- レモン汁 … 大さじ2
- ナンプラー… 大さじ1

オリーブオイル … 大さじ1

作り方

1. パプリカは強火で網焼きし、表面の皮を焦がし、冷水につけて皮をむく。ヘタと種、ワタを取り除いて2cm角に切り、ペーパータオルで水けを拭く。玉ねぎは繊維に沿って薄切りにし、水に5分ほどさらして水けをぎゅっと絞る。
2. 鮭は塩をふって10分ほどおき、表面の水分を拭き、4〜5等分に切り、薄力粉を薄くはたく。
3. フライパンを中火で熱し、オリーブオイルを入れ、2を加えて表面に焼き目がつくまで焼く。白ワインを加えて蓋をし、弱火で8分ほど蒸し焼きにする。
4. ボウルに1、3、Aを入れ、和える。

作りおきメモ

パプリカの甘み、玉ねぎの辛みがほどよくおいしい、エスカベッシュ風さっぱりマリネ。レモン汁は多めに加えて、全体の味を引き締めます。スライスしたバゲットにのせて食べても。

［保存：冷蔵3日間］

ピーマンの花椒きんぴら

四川料理に欠かせない、しびれる辛さの花椒をたっぷり加えた刺激的なきんぴら。和の献立の味のアクセントに。

材料（作りやすい分量）

ピーマン（緑・赤）… 各3個
花椒 … 大さじ1
酒 … 大さじ1
みりん … 大さじ1
しょうゆ … 大さじ1
塩 … 小さじ¼
ごま油 … 小さじ2

作り方

1 ピーマンは縦に1cm幅に切る。
2 フライパンを中火で熱し、ごま油、1、花椒を入れて炒める。香りがたったら酒、みりん、しょうゆ、塩を加え、汁けがなくなるまで炒める。

作りおきメモ

花椒をたっぷり加えて炒めて香りを出すのがポイント。照り焼きや豚の角煮、肉じゃが、煮魚、蒲焼きなどの甘辛いおかずに添えると、おいしさがグッと引き立ちます。

［保存：冷蔵4日間］

ピーマンと干しえびのオイスター炒め

干しえびの旨みとオイスターソース、黒酢の旨みが濃厚でシンプルな中華炒め。炊きたてのごはんにのせて食べるのがおいしい。

材料（作りやすい分量）

ピーマン … 4個
干しえび … 10g
しょうが（みじん切り）… 1かけ分
紹興酒 … 大さじ2
オイスターソース … 大さじ2
黒酢 … 大さじ1
ごま油 … 大さじ1

作り方

1 ピーマンは乱切りにする。
2 干しえびはかぶるくらいのぬるま湯に15分ほど浸し、粗みじん切りにする。戻し汁はとっておく。
3 フライパンを中火で熱し、ごま油、しょうが、干しえびを入れ、香りがたつまで炒める。
4 3に1を加えてさっと炒め、紹興酒、2の戻し汁大さじ1、オイスターソース、黒酢を加え、汁けがなくなるまで炒める。

作りおきメモ

干しえびをぬるま湯で時間をかけて戻し、戻し汁を無駄なく使うことで、干しえびの濃厚な旨みを残さず使いましょう。汁けがなくなるまで炒めるのもコツ。

［保存：冷蔵4日間］

ピーマンのひじき炒め

ひじきといえば煮物、という人にぜひ、
作ってみてほしい炒め物。
ピーマンの苦みがいい具合に、
味のアクセントに。
毎食食べても飽きない味わいの常備菜です。

材料（作りやすい分量）

ピーマン … 4個
芽ひじき（乾燥）… 大さじ4
かつお節 … 1袋（5g）
酒 … 大さじ2
みりん … 大さじ1
しょうゆ … 大さじ1
塩 … 小さじ1/3
ごま油 … 大さじ1

作り方

1 ピーマンは横に細切りにする。
2 ひじきはさっと洗い、かぶるくらいの水に10分ほど浸して戻し、水けをきる。
3 フライパンを中火で熱し、ごま油、2を入れて油がなじむまで炒める。酒、みりん、しょうゆを加え、汁けがなくなるまで炒め、1を加えてピーマンがしんなりするまで炒め、塩をふり、かつお節を加えて混ぜる。

アレンジ

ごはんにのせたり、混ぜたりして食べる他、『ピーマンのひじき炒め』を刻んで、卵、ごはんと炒め合わせてチャーハンに。仕上げにごまをふって和風味に仕上げるのがコツ。物足りなければ、ひき肉や豚こまを一緒に炒めても。

［保存：冷蔵3日間］

かぼちゃ

β-カロテン、ビタミンC・Eが豊富な
栄養満点の緑黄色野菜、かぼちゃ。
丸ごとのかぼちゃ1個を
使い切るのは意外と難しい。
だからこそ、和・洋・中・エスニックの
味のバリエーションをつけて
煮物、マリネ、煮込みなどのおかずを
数種類、作りおきしてみませんか。
ホクホク、甘くておいしいかぼちゃを
思う存分いただきましょう。

かぼちゃと生ハムの蒸し煮

甘みの強いかぼちゃに、
生ハムのほどよい塩けがきいた
おいしい蒸し煮です。
かぼちゃと玉ねぎ、生ハムを重ねて
煮ることでかぼちゃに旨みがしみこみます。

材料（作りやすい分量）

かぼちゃ… ½個
玉ねぎ … 1個
生ハム … 70g
白ワイン … 100mℓ
白ワインビネガー… 大さじ1
塩 … 少々
粗びき黒こしょう … 少々
オリーブオイル … 大さじ2

作り方

1 かぼちゃは種とワタを取り除いて皮をところどころむき、5cm幅の放射状に切る。
2 玉ねぎは繊維に沿って薄切りにし、生ハムは細切りにする。
3 鍋に1、2を重ねて入れ、白ワイン、白ワインビネガー、塩、オリーブオイルをまわしかける。中火で熱し、煮立ったら弱火にして蓋をし、8分ほど蒸し煮にする。
4 保存容器に3を入れ、こしょうをふる。

アレンジ

『かぼちゃと生ハムの蒸し煮』はフードプロセッサーでピュレ状にし、牛乳か豆乳でのばしながら温めて、ポタージュスープに。また、つぶしてパンで挟み、サンドイッチにしてもおいしい。

［保存：冷蔵3日間］

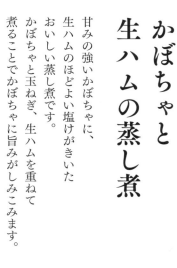

かぼちゃの甘辛中華揚げ

こんがりとかぼちゃを揚げて、甘辛く味つけしたお惣菜。
ごま油の風味と黒酢で中華風に仕上げることで、飽きずにたくさん食べられます。

材料（作りやすい分量）

かぼちゃ… 1/2個
白いりごま … 大さじ2
ごま油 … 大さじ2
揚げ油 … 適量
A
　黒酢 … 大さじ1
　しょうゆ … 大さじ1
　みりん … 大さじ1/2

作り方

1 かぼちゃは種とワタを取り除いて皮をところどころむき、3cm角に切る。
2 揚げ油にごま油を加え、冷たい状態で1を入れて中火にかける。揚げ油の温度を170℃まで上げ、かぼちゃが柔らかくなるまで5〜6分揚げ、油をきる。
3 Aを小鍋に入れて一煮立ちさせ、2にまわしかけてなじませ、白いりごまを加える。

作りおきメモ

かぼちゃを揚げるときは、揚げ油が冷たい状態からじっくりと火を通し、柔らかくなるまで揚げるのがコツ。アツアツのうちに調味料をまわしかけ、味をなじませて。

［保存：冷蔵4日間］

かぼちゃのパセリナッツマリネ

酸味がおいしいかぼちゃのマリネ。
カリカリナッツの塩けと食感、パセリの苦みが全体の味や見た目のアクセントになります。

材料（作りやすい分量）

かぼちゃ… ½個
玉ねぎ … ½個
アーモンド（ローストしたもの）
　… 50g
パセリ（みじん切り）… 大さじ1
白ワイン … 大さじ2
白ワインビネガー … 大さじ2
ナンプラー … 大さじ1
粗びき黒こしょう … 少々
オリーブオイル … 大さじ2

作り方

1 かぼちゃは種とワタを取り除いて皮をところどころむき、3cm角に切る。玉ねぎはみじん切りにし、水に5分ほどさらしてざるにあげ、ペーパータオルで水けを拭く。

2 蒸気のたった蒸し器にかぼちゃを入れ、白ワインをふり、8分ほど蒸し、粗くつぶす。温かいうちに玉ねぎ、白ワインビネガー、ナンプラーを加えてなじませる。

3 2の粗熱が取れたら、粗く刻んだアーモンド、パセリ、オリーブオイルを加えて混ぜ、こしょうをふる。

作りおきメモ

かぼちゃはゆでるより、蒸し器で蒸した方がホクホクに。白ワインをふりかけて蒸すことで、グンと風味もアップ。パンにのせたり、ワインのおつまみにも。

［保存：冷蔵4日間］

かぼちゃときのこのラタトゥイユ

厚手の鍋に、かぼちゃ以外の材料を先に炒めて、最後にかぼちゃを皮目を上にして並べます。こうすることで、かぼちゃの煮崩れを防ぐことができます。

作り方：Ｐ１００

蓋をして弱火で蒸し煮にすると、
野菜の水分で火を通すので
旨みを十分に引き出せます。
全体をざっくり混ぜて仕上げ、
塩、こしょうで味の調整を。

かぼちゃと きのこのラタトゥイユ

かぼちゃの甘みとトマトときのこの旨みが十分に引き出されたイタリア風野菜の煮込み。トマトピューレを加えて濃厚な味わいに。

材料（作りやすい分量）

かぼちゃ… ½個
玉ねぎ … 1個
エリンギ … 3本
しめじ … 100g
トマト … 大2個
にんにく（つぶす）… 1かけ分
白ワイン … 50mℓ
トマトピューレ … 大さじ3
塩 … 小さじ1
粗びき黒こしょう … 少々
オリーブオイル … 大さじ1
ドライハーブ … 適宜

作り方

1 かぼちゃは種とワタを取り除いて皮をところどころむき、5cm角に切る。

2 玉ねぎは繊維に沿って薄切りにする。エリンギは長さを2等分にし、縦に薄切りにする。しめじは石づきを切り落とし、ほぐす。

3 トマトは種を取り除き、2cm角に切る。

4 鍋ににんにくとオリーブオイルを入れ、中火にかける。香りがたったら、2を入れてしんなりするまで炒める。油がなじんだら、3を加えてさっと炒め、白ワイン、トマトピューレを加えて一煮立ちさせ、アクを取り除き、1を上にのせる。

5 4を弱火にし、蓋をして8分ほど煮て、塩、こしょうを加えてひと混ぜし、味をととのえる。好みでドライハーブを加える。

作りおきメモ

野菜のみで作るラタトゥイユですが、旨みたっぷり。肉、魚料理に組み合わせれば、野菜も十分に食べられます。パンやパスタのつけ合わせにもぴったりです。

［保存：冷蔵4日間］

かぼちゃとソーセージのウスター炒め

かぼちゃは炒め物にもぴったり。
かぼちゃの甘みにウスターソースがよく合います。
汁けがなくなるまで炒めて仕上げましょう。

材料（作りやすい分量）

かぼちゃ… 1/4個
玉ねぎ… 1/2個
ソーセージ… 6本
白ワイン… 大さじ2
ウスターソース… 大さじ2
塩… 小さじ1/3
オリーブオイル… 大さじ1

作り方

1 かぼちゃは種とワタを取り除いて皮をところどころむき、3cm角に切る。玉ねぎは2cm角に切り、ソーセージは2〜3cm幅に切る。

2 フライパンを中火で熱し、オリーブオイル、1を入れ、玉ねぎが透き通るまで炒める。

3 2に白ワイン、ウスターソースを加えて汁けがなくなるまで炒め、塩をふる。

作りおきメモ

かぼちゃは小さめに切ってソーセージと玉ねぎを一緒に炒めることで、旨みをかぼちゃに移します。夕飯のおかずの一品だけでなく、トーストなどの朝食にもよく合います。

［保存：冷蔵3日間］

かぼちゃと昆布の塩煮

切り昆布とかぼちゃの相性を生かした煮物です。
戻し汁をだしにしたシンプルな味つけが美味。
長ねぎを一緒に煮るのも、味に深みを与えます。

材料（作りやすい分量）

かぼちゃ…½個
長ねぎ…1本
切り昆布…15g
水…適量
酒…大さじ2
みりん…大さじ1
しょうゆ…小さじ1

作り方

1 かぼちゃは種とワタを取り除いて皮をところどころむき、5cm幅の放射状に切る。長ねぎは5cm長さの筒切りにする。

2 切り昆布はさっと洗い、かぶるくらいの水に10分ほど浸して戻す。戻し汁はとっておく。

3 鍋に1、2と戻し汁、酒、みりんを加え、水分が7分目に満たない場合は水を足し、中火にかける。煮立ったら、アクを取り除いて弱火にし、蓋をして8分ほど煮て、しょうゆを加えなじませる。

作りおきメモ

和食の献立に一品あるとうれしいかぼちゃのシンプル煮物。ほんの少しのしょうゆを最後にたらすのがおいしさの秘訣。魚の塩焼きや鍋料理などに添えても。

［保存：冷蔵4日間］

かぼちゃのそぼろ煮

かぼちゃの甘みだけで仕上げた煮物なので
ごはんのおかずにもぴったり。
鶏そぼろの旨みがたっぷりしみこんでいます。

材料（作りやすい分量）

かぼちゃ… ½個
しょうが（せん切り）… 1かけ分
鶏ひき肉 … 200g
酒 … 50mℓ
水 … 適量
しょうゆ … 大さじ1
塩 … 小さじ⅓
ごま油 … 小さじ2

作り方

1 かぼちゃは種とワタを取り除いて皮をところどころむき、4cm角に切る。
2 鍋を中火で熱し、ごま油、しょうがを入れて香りがたったら、ひき肉を加えて炒める。全体に火が通ったら1を加えてさっと炒め、酒と水を7分目まで加えて一煮立ちさせ、アクを取り除く。
3 弱火にして3分ほど煮て、しょうゆと塩を加え、さらに5分ほど煮る。

作りおきメモ

しょうががたっぷりのそぼろ煮は、メインのおかずに。からし和えやピリ辛の炒め物、さっぱりとしたサラダとの相性も抜群です。

［保存：冷蔵3日間］

かぼちゃのナンプラーバター煮

かぼちゃの煮物は甘辛味ですが、ナンプラーバター味もよく合います。エスニック料理や洋風料理に添えて。最後にバターで仕上げるのがおいしくなるコツ。

材料（作りやすい分量）

かぼちゃ… ½個
玉ねぎ … 1個
白ワイン … 50mℓ
水 … 120mℓ
ナンプラー… 大さじ1½
バター… 15g

作り方

1 かぼちゃは種とワタを取り除いて皮をところどころむき、4cm角に切る。玉ねぎは繊維に沿って薄切りにする。
2 フライパンに1を広げて入れ、白ワイン、水、ナンプラーを加えて中火にかけ、一煮立ちさせる。
3 弱火にし、蓋をして8分ほど蒸し煮にし、バターを加えてなじませる。

作りおきメモ

かぼちゃを白ワインと水、ナンプラーで蒸し煮にすることで、さっぱりとした味わいに。スパイスのきいた辛いエスニック料理と組み合わせるのもおすすめです。

［保存：冷蔵4日間］

ごぼう

滋味深い味わいのごぼうの旬は春と秋。
一般的なごぼうの旬は、晩秋から冬にかけて。
初夏に旬を迎えるごぼうは新ごぼうと呼ばれ、
柔らかく上品で優しい香りが特徴です。
新ごぼうならさっとゆでてサラダやマリネ、ピクルスがおいしい。
ごぼうは和食のおかず、と決めつけないで
トマト味、ナンプラー味などさまざまな料理と味つけで、
もっとおいしくいただきましょう。

ごぼうとちくわの甘辛炒め

ごぼうのきんぴらにちくわをプラスして
ボリュームを出しました。
ごぼうの歯ごたえとちくわのプニプニ食感の
対比が楽しいお惣菜です。
お弁当のおかずにも重宝します。

材料（作りやすい分量）

ごぼう…1本
ちくわ…4本
赤唐辛子（小口切り／種を取り除く）…1本分
酒…大さじ2
みりん…大さじ1
しょうゆ…大さじ1
白いりごま…少々
ごま油…大さじ1

作り方

1 ごぼうはたわしで洗い、斜め薄切りにして水にさらし、水けをきる。ちくわは斜めに1cm幅に切る。
2 フライパンを中火で熱し、ごま油、ごぼうを入れてしんなりするまで炒める。
3 2にちくわ、赤唐辛子、酒、みりんを加え、汁けがなくなるまで炒め、しょうゆを加えて絡め、白いりごまをふる。

アレンジ

『ごぼうとちくわの甘辛炒め』は、そのままおかずとして食べるのはもちろん、混ぜごはんの具としてもおすすめです。食べやすいように、小さめに刻むと、混ぜやすくなります。

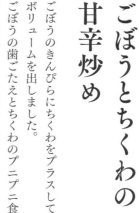

ごぼうとこんにゃくのみそ炒め

腸活にも効果的な食物繊維たっぷりの作りおき。こっくりとしたみそ味がしみたごぼうとこんにゃくの食感がクセになるおいしさです。

材料（作りやすい分量）

ごぼう … 1本
こんにゃく … 1枚
長ねぎ … ⅓本
白いりごま … 少々
酒 … 大さじ2
みりん … 大さじ1
みそ … 大さじ1½
しょうゆ … 小さじ1
ごま油 … 大さじ1

作り方

1 ごぼうはたわしで洗い、乱切りにして水にさらし、水けをきる。こんにゃくは一口大にちぎり、沸騰した湯で2分ほどゆでてざるにあげる。長ねぎは斜め薄切りにする。

2 フライパンを中火で熱し、ごま油、1を入れて油がなじむまで炒める。酒、みりんを加えて一煮立ちさせ、アクを取り除いて弱火にし、蓋をして10分ほど炒め煮にする。

3 2にみそ、しょうゆを加えて中火にし、汁けがなくなるまで炒め、白いりごまをふる。

作りおきメモ

ごぼうは乱切りにすることで、食べごたえ満点に。みそとしょうゆは最後に加えて、汁けがなくなるまで煮詰めて味をしっかりとつけましょう。

［保存：冷蔵4日間］

ごぼうのいり豆腐

ごぼうはささがきではなく、
半月切りにして、食感を楽しみます。
じっくり炒めて香りと旨みを引き出して。

材料（作りやすい分量）

ごぼう … 1本
にんじん … 50g
木綿豆腐 … 2丁
A
　酒 … 大さじ2
　みりん … 大さじ1
　みそ … 大さじ1
　しょうゆ … 小さじ2
　しょうが（すりおろし）… 1かけ分
ごま油 … 大さじ1

作り方

1 ごぼうはたわしで洗い、5mm厚さの半月切りにして水にさらし、水けをきる。にんじんは5mm厚さのいちょう切りにする。

2 豆腐はペーパータオルを二重に巻き、耐熱皿に入れ、電子レンジで2分30秒ほど加熱し、粗熱を取る。

3 鍋を中火で熱し、ごま油、1を入れてごぼうが透き通るまで炒める。2を手でちぎりながら加えて炒め、Aを加え、汁けがなくなるまで炒める。

作りおきメモ

豆腐の水きりはしっかりと。時間がかかりそう…と思うかもしれませんが、電子レンジなら簡単です。炒めても汁けは出るので、しっかり水分を飛ばすように炒りつけること。

［保存：冷蔵3日間］

ごぼうとにんじんの明太きんぴら

ピリッと辛い明太子がクセになる一品。
ごぼうもにんじんも細切りにして食べやすく。
ごはんのお供はもちろん、晩酌のおつまみにも最適。

材料（作りやすい分量）

ごぼう … 1本
にんじん … 100g
明太子 … 1腹
酒 … 大さじ2
しょうゆ … 小さじ1
ごま油 … 大さじ1

作り方

1 ごぼうはたわしで洗い、細切りにして水にさらし、水けをきる。にんじんは細切りにする。
2 明太子は包丁で薄皮をむき、身をこそげ取る。
3 フライパンを中火で熱し、ごま油、1を入れてごぼうが透き通るまで炒める。
4 3に酒と2を加えてほぐしながら炒め、全体がなじんだらしょうゆを加え、さっと混ぜる。

作りおきメモ

ごぼうは、透き通るぐらいまで炒めて水分を飛ばすと、味がしみこみやすくなります。ごぼうもにんじんも細切りなので、火が通りやすく、短時間で仕上がります。

［保存：冷蔵4日間］

ごぼうと牛肉のバルサミコ煮

ごぼうと牛肉、バルサミコ酢の絶妙な組み合わせ。独特の甘みが引き出され、コクたっぷりの仕上がりに。パンを添えても、ごはんにかけてもおいしいです。

［保存：冷蔵3日間］

材料（作りやすい分量）

ごぼう … 1本
玉ねぎ … ½個
にんにく（つぶす）… 1かけ分
牛こま切れ肉 … 200g
赤ワイン … 80mℓ
バルサミコ酢 … 大さじ2
しょうゆ … 大さじ1
塩 … 小さじ¼
粗びき黒こしょう … 少々
オリーブオイル … 大さじ1

作り方

1 ごぼうはたわしで洗い、斜め薄切りにして水にさらし、水けをきる。玉ねぎは繊維に沿って薄切りにする。

2 鍋ににんにく、オリーブオイルを入れ、中火にかける。香りがたったら、1を入れ、透き通るまで炒める。

3 2に牛肉を加えて炒め、肉の色が変わったら、赤ワイン、バルサミコ酢、しょうゆを加えて一煮立ちさせる。アクを取り除き、弱火にして蓋をし、汁けがなくなるまで炒め煮にし、塩、こしょうで味をととのえる。

作りおきメモ

バルサミコ酢は加熱すると酸味が和らぎます。しょうゆとの相性も抜群なので、グッと旨みが増しておいしくなります。汁けがなくなるまで煮詰めてごぼうにたっぷり味をしみこませましょう。

ごぼうとにんじんのトマト煮

歯ごたえ満点のごぼうとにんじんを
トマトジュースであっさり煮込んだ洋風のお惣菜。
サンドイッチやトーストの副菜にぴったりです。

材料（作りやすい分量）

ごぼう … 1本
にんじん … 100g
れんこん … 200g
玉ねぎ … ½個
にんにく（つぶす）… 1かけ分
トマトジュース … 200mℓ
白ワイン … 50mℓ
ローリエ … 1枚
塩 … 小さじ1
粗びき黒こしょう … 少々
オリーブオイル … 大さじ2

作り方

1. ごぼうはたわしで洗い、乱切りして水にさらし、水けをきる。にんじんは乱切りにする。れんこんはたわしで洗い、皮つきのまま乱切りにする。玉ねぎは2cm角に切る。
2. 鍋にオリーブオイルとにんにくを入れ、中火にかける。香りがたったら1を入れ、ごぼうが軽く透き通るまで炒める。
3. 2にトマトジュース、白ワイン、ローリエを入れ、一煮立ちさせてアクを取り除き、蓋をして弱火で12分ほど煮る。塩、こしょうを加え、なじませる。

アレンジ

『ごぼうとにんじんのトマト煮』は卵料理と相性抜群。スクランブルエッグやオムレツに添えると彩りも鮮やか。また、卵液に混ぜ合わせて焼いたオープンオムレツも食べごたえのある一品に。

［保存：冷蔵4日間］

ごぼうのナンプラーピクルス

ごぼうが柔らかくて食べやすく、ほんのり香るナンプラーの風味がクセになります。カレーに添えたり、お弁当の一品にしても。

材料（作りやすい分量）

ごぼう … 1本

酢 … 大さじ1

A

- 米酢 … 50mℓ
- ローリエ … 1枚
- 白ワイン … 50mℓ
- ナンプラー… 大さじ2
- 甜菜糖 … 大さじ1
- 塩 … 小さじ1/4
- 水 … 70mℓ

作り方

1. ごぼうはたわしで洗い、5cm長さに切り、太いものは縦に2等分に切って水にさらし、水けをきる。
2. 鍋に1、かぶるくらいの水（分量外）、酢を入れ、中火にかける。煮立ったらアクを取り除き、弱めの中火にして10分ほどゆでて水けをきり、保存容器に入れる。
3. 鍋にAを入れ、中火にかけて一煮立ちさせ、熱いうちに2に注ぐ。

作りおきメモ

ごぼうを柔らかくゆでたら、水けを拭いてから保存容器へ。ピクルス液は熱いうちにゆでたごぼうに注ぐと、味がしっかりしみておいしくなります。

［保存：冷蔵7日間］

たたきごぼうとひじきのごま和え

食物繊維たっぷりのごぼうとひじきを
モリモリ食べられる、酸味がおいしいごま和え。
和食はもちろん、中華のおかずに合わせても。

材料（作りやすい分量）

ごぼう…1本
芽ひじき（乾燥）…10g
酢…大さじ1
A
白いりごま…大さじ2
白練りごま…大さじ2
黒酢…大さじ1
ナンプラー…大さじ1

作り方

1 ごぼうはたわしで洗い、5cm長さに切り、太いものは縦に2等分に切って水にさらし、水けをきる。

2 鍋に1、かぶるくらいの水（分量外）、酢を入れ、中火にかける。煮立ったらアクを取り除き、弱めの中火にして10分ほどゆでて水けをきり、すりこぎなどでたたく。

3 ひじきはさっと洗い、かぶるくらいの水に8分ほどつけて戻し、水けをきる。沸騰した湯に入れて2分ほどゆでて水けをきる。

4 ボウルにAを入れてよく混ぜ、2、3を加えて和える。

作りおきメモ

ごぼうをゆでるときは、酢を加えた熱湯でゆでると色が変わりにくく、白さを保てます。ごま和え衣は、練りごまと黒酢、ナンプラーで甘くないタイプです。

［保存：冷蔵4日間］

大根

冬の大根は、丸くて太くてみずみずしい。
部位によって甘みが違うので、
上手に使い分けておいしく食べきりましょう。
大根の上の部分は一番甘みがあるので煮物向き。
中央部分は、水分が多く、
辛みが少ないのでサラダや炒め物に。
下の部分は辛みが強いので
大根おろしや漬け物におすすめです。

大根と鶏肉の梅煮

梅干しの酸味とほんのりとした甘み、
鶏肉の旨みがじんわり
大根にしみこんだやさしい味わい。
みずみずしくておいしいので
ぜひ、今日のおかずの一品に。

［保存：冷蔵3日間］

材料（作りやすい分量）

大根 … ½本
玉ねぎ … 1個
鶏もも肉 … 250g
酒 … 50mℓ
みりん … 大さじ1
梅干し … 3個
水 … 適量
ごま油 … 小さじ2

作り方

1 大根は2cm厚さの半月切りにする。玉ねぎは繊維に沿って薄切りにする。
2 鶏肉は好みで皮を取り除き、食べやすい大きさに切る。
3 鍋を中火で熱し、ごま油、2を入れて軽く焼き目をつける。1を加えてさっと炒め、酒、みりん、梅干しをちぎって種と一緒に加え、水を7分目まで加える。
4 3が一煮立ちしたら、アクを取り除いて弱火にし、蓋をして15分ほど煮る。

作りおきメモ

梅干しは防腐作用があるので作りおきに向いています。減塩タイプではない梅干しを使いましょう。鶏肉を焼くときは、あまり動かさず、軽く焼き目をつけて。

大根と厚揚げのナンプラー煮

いつもの大根と厚揚げの煮物をナンプラーで仕上げてエスニック風に。あっさりとしたおでん風なので、晩酌の一品にも。

材料（作りやすい分量）

大根 … ½本
厚揚げ … 1枚
しょうが(せん切り) … 1かけ分
だし汁 … 150mℓ
酒 … 50mℓ
みりん … 大さじ2
ナンプラー … 大さじ1½

作り方

1 大根は1.5cm厚さのいちょう切りにする。厚揚げは熱湯をまわしかけて油抜きをし、縦半分に切り、1cm幅に切る。

2 鍋に1、だし汁、しょうが、酒、みりんを入れ、中火にかける。煮立ったらアクを取り除き、蓋をして弱めの中火で8分ほど煮る。

3 ナンプラーを加え、蓋をしてさらに6分ほど煮る。

作りおきメモ

大根と厚揚げをしょうがと酒、みりんだけで煮ることで、コクと照りが増します。煮上げたら、一晩置いた方が味がよくしみておいしくなります。

［保存：冷蔵3日間］

大根と牛肉のコチュジャン煮

大根に牛肉の旨みとコチュジャンのきいた甘辛い煮汁がしみこんだ韓国風煮物。ごはんが進むおいしさです。

材料（作りやすい分量）

大根 … ½本
牛こま切れ肉 … 250g
長ねぎ … ½本
だし汁 … 200mℓ
紹興酒（酒とみりん各25mℓ でも可）
… 50mℓ
A
しょうが（すりおろし）… 1かけ分
コチュジャン … 小さじ1
しょうゆ … 大さじ1
ごま油 … 小さじ2

作り方

1 大根は1.5cm厚さの半月切りにする。長ねぎは斜め薄切りにする。
2 鍋を中火で熱し、ごま油、1を入れて油がなじむまで炒める。
3 紹興酒を加え、だし汁を7分目まで入れ、一煮立ちさせてアクを取り除き、蓋をして弱火で8分ほど煮る。
4 中火にし、牛肉を加えてアクを取りながら色が変わるまで煮る。Aを加え、さらに8分ほど煮る。

作りおきメモ

大根は大きめの半月切りにして、みずみずしさを堪能しましょう。最初にごま油で炒めてから煮ると、味がしみこみやすくなります。紹興酒がなければ、酒とみりんで代用を。

［保存：冷蔵3日間］

揚げ大根の柚子こしょう絡め

皮つき大根を小さめの乱切りにして、
ごま油で素揚げをして漬け汁に浸すだけ。
大根の旨みが引き出され、コクのある一品に。

材料（作りやすい分量）

大根 … 1/2 本

A

- 柚子こしょう … 小さじ1
- 米酢 … 大さじ1
- しょうゆ … 大さじ1

七味唐辛子 … 適宜

ごま油 … 大さじ1

揚げ油 … 適量

作り方

1 大根は皮つきのまま乱切りにする。

2 揚げ油にごま油を加えて170℃に熱し、1を軽く色づくまで揚げる。

3 2の油をきり、合わせたAを絡め、好みで七味唐辛子をふる。

アレンジ

大根は揚げると水分が抜けるから、調味料もしみこみやすくなります。揚げ大根はそのままでもおいしいけれど、たっぷりのせりやクレソンと和えれば、彩りも香りもおいしい一品に。

［保存：冷蔵4日間］

大根のそぼろ炒め煮

あっさりとした鶏そぼろと大根の炒め煮は、しょうがもたっぷり加えてキリッと味を決めて。ごはんにのせて食べるのもおいしいです。

材料（作りやすい分量）

大根 … ½本
大根の葉（小口切り）… 2〜3枚分
しょうが（せん切り）… 1かけ分
鶏ひき肉 … 200g
酒 … 50mℓ
水 … 150mℓ
しょうゆ … 大さじ1
塩 … 小さじ⅓
ごま油 … 小さじ2

作り方

1 大根は2cm角に切る。
2 鍋を中火で熱し、ごま油、しょうがを入れ、香りがたったら、ひき肉を入れて肉の色が変わるまで炒める。
3 1を加えてさっと炒め、酒、水を加えて一煮立ちさせ、アクを取り除く。弱火にして蓋をし、12分ほど煮る。
4 しょうゆ、塩、大根の葉を加えてさっと煮る。

アレンジ

『大根のそぼろ炒め煮』を鍋で温め、水溶き片栗粉でとろみをつけてあんかけにすれば、そのままごはんにのせて食べるのに最適。食欲のない日でも、みずみずしく、さっぱりして食べやすいのでおすすめです。

［保存：冷蔵3日間］

大根と大豆のマリネ

塩揉みをしてしんなりした大根と大豆をシンプルな調味料でマリネにしました。米酢の酸味がまろやかで、ついつい箸が進みます。

材料（作りやすい分量）

大根 … ½本
大豆（ゆでたもの）… 80g
パセリ（みじん切り）… 大さじ1
塩 … 小さじ½
米酢 … 大さじ2
粗びき黒こしょう … 少々
オリーブオイル … 大さじ2

作り方

1 大根は縦2等分に切ってから薄切りにし、塩をふってしんなりするまで揉み込み、出てきた水分をぎゅっと絞る。

2 1に大豆、米酢、パセリを加えて混ぜ、さらにオリーブオイル、こしょうを加えて混ぜる。

作りおきメモ

大根はなるべく薄く切って塩揉みすると、短時間でしんなりして食べやすくなります。洋風のおかずはもちろん、和風のおかずにも合います。

［保存：冷蔵4日間］

大根とほたて缶の中華マリネ

せん切りの大根に塩をふってぎゅっと絞ると調味料が入りやすくなります。ほたて缶の旨みと黒酢のコクでグッとおいしく。

材料（作りやすい分量）

大根 … ½本
ほたて缶 … 小1缶（75g）
しょうが（せん切り）… 1かけ分
黒酢 … 大さじ1
塩 … 小さじ½
白いりごま … 小さじ2
ごま油 … 大さじ1

作り方

1 大根はせん切りにして塩を加え、しんなりするまでおき、出てきた水分をぎゅっと絞る。

2 1にほたて缶を汁ごと加え、しょうが、黒酢、白いりごまを加えて和え、ごま油を加える。

作りおきメモ

ほたて缶は汁ごと使って、旨みを大根にしみこませましょう。黒酢、しょうがの組み合わせでさっぱりおいしい一品に。

[保存：冷蔵3日間]

大根のナンプラー甘酢漬け

大根の作りおきとして欠かせないのが漬け物です。いつもの甘酢漬けにナンプラーを加えることでエスニック風の副菜に変わります。

材料（作りやすい分量）

大根 … 1/3本

塩 … 小さじ1/3

A

- 酒 … 大さじ2
- みりん … 大さじ2
- ナンプラー … 大さじ2 1/2
- 水 … 100mℓ
- しょうが（せん切り）… 1かけ分
- 赤唐辛子（種を取り除く）… 1/2本
- 黒酢（または米酢）… 大さじ2

作り方

1 大根は縦2等分に切ってから薄切りにし、塩をふる。しんなりしたら、出てきた水分を軽く捨て、保存容器に入れる。

2 小鍋にAを入れて中火にかけ、一煮立ちさせて熱いうちに1に注ぐ。

作りおきメモ

大根は下の部分を使うのがおすすめ。塩揉みしたら、余分な水分を捨てること。甘酢は熱いうちに注いで味をしみこませ、粗熱をよく取ってから冷蔵庫に保存を。

［保存：冷蔵7日間］

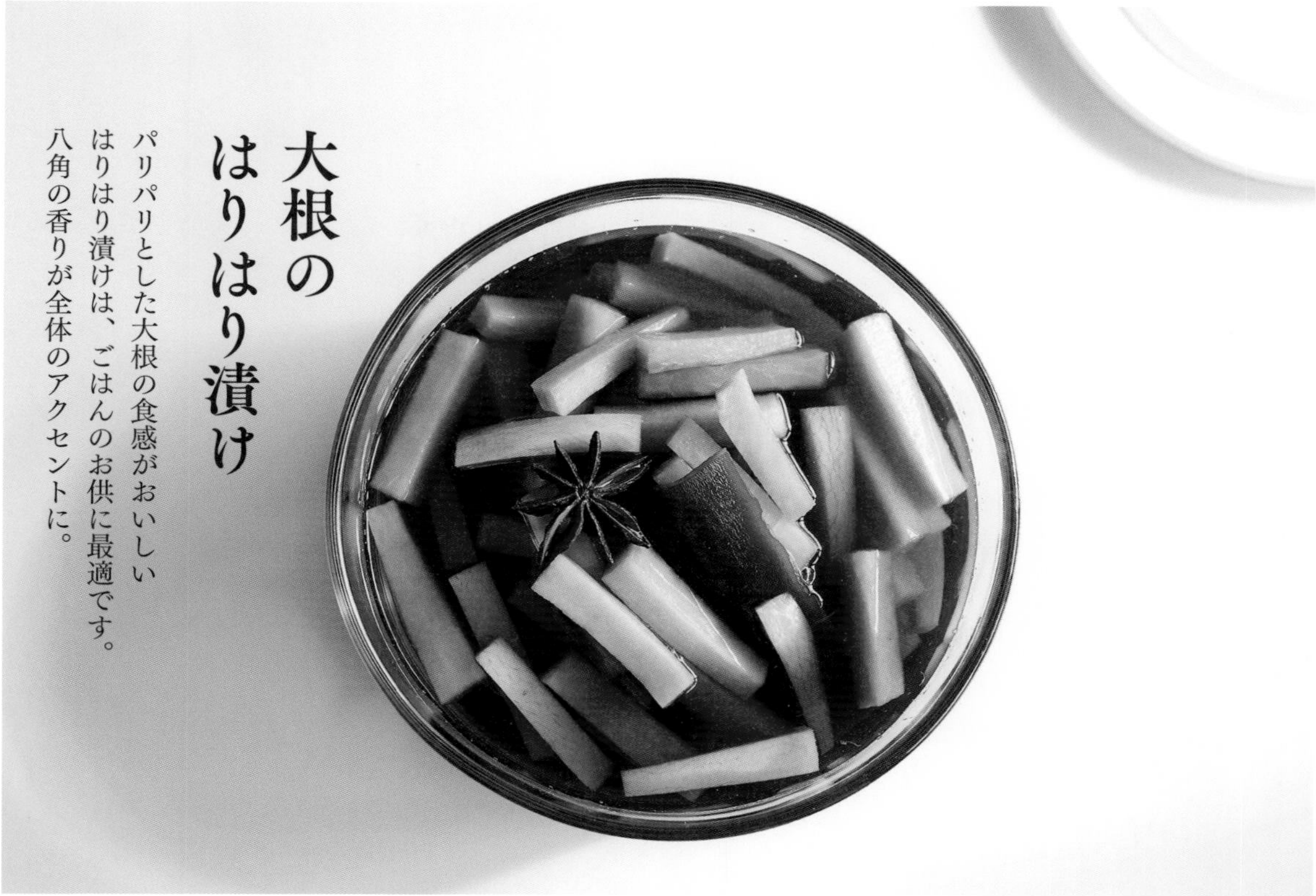

大根のはりはり漬け

パリパリとした大根の食感がおいしいはりはり漬けは、ごはんのお供に最適です。八角の香りが全体のアクセントに。

材料（作りやすい分量）

大根 … ½本
塩 … 小さじ½
A
- 酒 … 大さじ2
- みりん … 大さじ2
- しょうゆ … 大さじ1
- 水 … 200mℓ
- 昆布 … 3cm角1枚
- 八角 … 1個

作り方

1 大根は拍子木切りにし、塩をふる。しんなりしたら、出てきた水分を軽く捨て、保存容器に入れる。

2 小鍋にAを入れて中火にかけ、一煮立ちさせて熱いうちに1に注ぐ。

作りおきメモ

大根は拍子木切りにすることで、パリパリとした食感を楽しめます。もちろん、いちょう切りや薄切りなどお好みの切り方でもOKです。漬け汁に一晩漬けると味がしっかりしみこみ、食べ頃に。

［保存：冷蔵7日間］

れんこん

パリパリ、シャキシャキの食感が
おいしいれんこんは、
秋から冬にかけて旬を迎えます。
厚さや切り方を変えることで、
食感や噛みごたえが変わるから、
さまざまなおいしさに出会えます。
ゆでてサラダにしたり、
炒めたり、煮たりしながら、
れんこんの滋味深いおいしさを
心ゆくまで味わいましょう。

れんこんとにんじんのナムル

薄切りれんこんの歯ざわりが楽しい。
にんにくを炒めて香りを、
黒酢を加えてコクを出すのがポイント。
肉の炒め物や焼き肉に添えて
さっぱりいただきましょう。

材料（作りやすい分量）

れんこん … 300g
にんじん … 50g
酒 … 大さじ1
にんにく（つぶす）… 1かけ分
白いりごま … 大さじ1
塩 … 小さじ2/3
黒酢 … 大さじ1
ごま油 … 小さじ2

作り方

1 れんこんは2mm厚さの半月切りにし、水にさっとさらす。にんじんは2mm厚さの半月切りにする。

2 沸騰した湯に酒、1を入れ、一煮立ちさせてから30秒ほどゆでで、ざるにあげて湯をきり、水けをペーパータオルでしっかりと拭く。

3 ボウルに2、にんにく、白いりごま、塩、黒酢を入れて和え、ごま油を加える。

アレンジ

『れんこんとにんじんのナムル』があれば、焼き肉と一緒にごはんにのせるだけで、お弁当ができるのもうれしいところ。同様に焼き肉丼にして、夕飯にするのもおすすめです。

［保存：冷蔵4日間］

れんこんとさつま揚げのきんぴら

れんこんとさつま揚げは同じ大きさに揃えて食べごたえのあるきんぴらに。お好みで七味唐辛子などをふりかけても。

材料（作りやすい分量）

れんこん … 300g
さつま揚げ（市販）… 4枚
赤唐辛子（小口切り／種を取り除く）
… ½本分
酒 … 大さじ2
みりん … 大さじ2
しょうゆ … 大さじ1
塩 … 少々
ごま油 … 大さじ1

作り方

1 れんこんは拍子木切りにし、水にさっとさらし、水けをきる。さつま揚げは1cm幅に切る。

2 フライパンを中火で熱し、ごま油、赤唐辛子、1を入れて炒める。れんこんが軽く透き通ったら、酒、みりんを加えて一煮立ちさせ、蓋をして弱火で3分ほど蒸し炒めにする。

3 中火に戻し、しょうゆと塩を加えて炒める。

作りおきメモ

れんこんは切ったら、すぐに水にさらしてアクを抜くこと。火を通しすぎないように、軽く透き通ってきたら、調味料を加えて仕上げると、シャキシャキ感が残ります。

［保存：冷蔵4日間］

れんこんのそぼろ炒め

輪切りのシャキシャキれんこんと、ナンプラーとレモン汁で味つけした鶏そぼろがさっぱりとしてやみつきのおいしさです。

材料（作りやすい分量）

れんこん … 400g
長ねぎ（みじん切り）… ½本分
しょうが（みじん切り）… 1かけ分
鶏ひき肉 … 200g
酒 … 大さじ1
ナンプラー … 大さじ1
レモン汁 … 大さじ1
ごま油 … 大さじ1

作り方

1 れんこんは5mm厚さの輪切りにし、水にさっとさらし、水けをきる。

2 フライパンを中火で熱し、ごま油、長ねぎ、しょうがを入れて炒め、香りがたったらひき肉を加え、火が通るまで炒める。

3 1を加えて炒め、軽く透き通ったら、酒、ナンプラー、レモン汁を加え、汁けがなくなるまで炒める。

作りおきメモ

にんにくは匂いが気になるので、しょうがと長ねぎの香味野菜を炒めて、香りを出します。鶏そぼろの味つけは、ナンプラーとレモン汁でエスニック風に。

［保存：冷蔵3日間］

れんこんとにんじんの花椒炒め

しびれる辛さが後を引くスパイス炒め。
れんこんとにんじんは乱切りにして
食べごたえ満点に。
花椒の香りを十分に引き出すのがコツ。

材料（作りやすい分量）

れんこん … 300g
にんじん … 100g
長ねぎ … 1/2本
花椒 … 小さじ2
紹興酒（酒とみりん
　各大さじ1でも可）… 大さじ2
塩 … 小さじ2/3
ごま油 … 大さじ1

作り方

1 れんこんは皮つきのまま乱切りにし、水にさっとさらし、水けをきる。にんじんは乱切りにし、長ねぎは斜め薄切りにする。

2 フライパンを中火で熱し、ごま油、花椒を入れ、香りがたつまで炒める。

3 1を加えて油がなじむまで炒め、紹興酒を加える。蓋をして弱火で7分ほど蒸し炒めにし、塩を加える。

作りおきメモ

餃子や春巻きなどと一緒に添えたり、麺類や丼もののもう一品に。歯ごたえがいいので献立全体のアクセントになります。

［保存：冷蔵3日間］

たたきれんこんとツナのコチュジャン煮

れんこんをたたいて割ることで味がしみこみやすくなります。コチュジャンの甘辛味がクセになる一品。

材料（作りやすい分量）

れんこん … 400g
玉ねぎ … ½個
ツナ缶（油漬け）… 大1缶
しょうが（せん切り）… 1かけ分
紹興酒（酒とみりん各25mℓでも可）
… 50mℓ
コチュジャン … 小さじ1
しょうゆ … 大さじ1
ごま油 … 小さじ1

作り方

1 れんこんは大きめに切り、すりこぎなどで粗めにたたき、水にさっとさらし、水けをきる。玉ねぎは繊維に沿って薄切りにする。ツナ缶は油をきる。

2 フライパンを中火で熱し、ごま油、しょうがを入れ、香りがたったら1を加え、れんこんが透き通るまで炒める。紹興酒を加え、蓋をして弱火で5分ほど蒸し炒めにする。

3 2にコチュジャンとしょうゆを加え、さらに5分ほど煮る。

作りおきメモ

れんこんの皮をむくならピーラーが便利。れんこんはたたいたあと、大きければ手で割りましょう。コチュジャンはお好みで量の調節をしてもOKです。

［保存：冷蔵3日間］

れんこんと豚肉の甘辛煮

こってり甘辛味の和風のお惣菜。
シャキシャキれんこんに
豚肉の旨みが絡みます。
仕上げにしょうゆと塩で味の調整を。

材料（作りやすい分量）

れんこん … 400g
豚ロース薄切り肉 … 200g
片栗粉 … 大さじ2
酒 … 大さじ2
みりん … 大さじ1
しょうゆ … 大さじ1
塩 … 小さじ¼
ごま油 … 大さじ1

作り方

1. れんこんは2cm厚さの半月切りにし、水にさっとさらし、水けをきる。
2. 豚肉は食べやすい大きさに切り、片栗粉をまぶす。
3. フライパンを中火で熱し、ごま油、1を入れ、れんこんが軽く透き通るまで炒める。2を加えて返しながら焼き目がつくまで炒め、酒、みりんを加え、蓋をして弱火で6分ほど蒸し焼きにする。
4. 蓋をあけ、しょうゆ、塩を加えてなじませる。

アレンジ

旨みたっぷりの甘辛味なので、ごはんにぴったり。おかずの一品としても、ごはんにのせて丼にしてもおいしい。焼きそばと一緒に炒めて、しょうゆで調味して仕上げるのもおすすめです。

[保存：冷蔵3日間]

れんこんと牛肉のワイン煮

滋味深いれんこんと牛肉は相性がよく、赤ワインで煮込むとグッと深い味わいに。こま切れ肉だから火の通りも早く、短時間で作れます。

材料（作りやすい分量）

れんこん … 300g
玉ねぎ … 1個
にんにく（つぶす）… 1かけ分
牛こま切れ肉 … 200g
ローリエ … 1枚
赤ワイン … 150mℓ
ウスターソース … 大さじ2
しょうゆ … 大さじ1
塩 … 小さじ1/4
オリーブオイル … 小さじ2

作り方

1. れんこんは1cm厚さの輪切りにし、水にさっとさらし、水けをきる。玉ねぎは繊維に沿って薄切りにする。
2. 鍋ににんにく、オリーブオイルを入れて中火にかけ、香りがたったら、1を加え、透き通るまで炒める。
3. 2に牛肉を加えてさっと炒め、ローリエ、赤ワイン、ウスターソースを加え、一煮立ちさせ、アクを取り除く。弱火にして蓋をし、8分ほど煮て、しょうゆ、塩を加える。

作りおきメモ

れんこんと玉ねぎ、牛肉、にんにくだけの簡単煮込み。パンやパスタを添えたり、ごはんにのせてもおいしいです。アクが出やすいので、なるべく取り除くようにしましょう。

［保存：冷蔵3日間］

れんこんたっぷり おから煮

おから煮は、昔ながらの作りおき。シャキシャキれんこんをプラスして食感にアクセントをつけました。

材料（作りやすい分量）

れんこん … 200g
にんじん … 100g
しいたけ … 3枚
おから … 150g
A
　しょうが（すりおろし）… 1かけ分
　だし汁 … 150mℓ
　酒 … 大さじ1
　みりん … 大さじ1
　しょうゆ … 大さじ1
ごま油 … 大さじ1

作り方

1. れんこんは2mm厚さのいちょう切りにし、水にさっとさらし、水けをきる。にんじんは2mm厚さのいちょう切りにする。しいたけは石づきを切り落とし、薄切りにする。
2. フライパンを中火で熱し、おからを入れ、パラパラになるまで焦がさないようにからいりし、バットに取り出す。
3. 同じフライパンにごま油を入れて中火にかけ、1を入れてれんこんが透き通るまで炒める。Aを加え、一煮立ちさせ、アクを取り除く。
4. 2を戻し入れ、ヘラで混ぜながら5分ほど煮る。

作りおきメモ

おからはからいりすることで水分を飛ばし、その分、煮汁を含みやすくします。最初に野菜を煮汁で煮含めたあと、最後におからを加えてさっと煮るのがおいしくなるポイント。

［保存：冷蔵4日間］

2

肉・魚で
すぐできる

肉・魚は、帰ってからすぐ作って、
できたてを食べるのがやっぱりおいしい。
忙しい毎日だからこそ、短時間で
おいしく仕上がるおかずをご紹介します。
野菜の作りおきと組み合わせれば、献立作りも簡単です。

切る手間がかからず、
火の通りやすい
肉と魚で時短調理を

帰ってきて、すぐ作るおかずは、やっぱりおいしい。
肉はカットしてあるものを、魚は切り身を上手に利用します。
肉だけ、魚だけじゃなく、香味野菜と旬の野菜1種類を
組み合わせて調理すると、バランスがよく、
ボリュームがあるおかずができあがります。
すぐできるおかずのポイントは、
切る手間がかからず、火の通りやすい食材選びから。
調理するなら、フライパンで肉や魚を焼いたら、
蓋をして蒸し焼きにすると、短時間で火が通りやすく、
手が離せるので調理がラクになります。
まな板を使うときは、野菜を切ってから、肉・魚を切る。
そのあと、肉・魚から炒めて、仕上げに野菜を加えて仕上げる。
これらのコツを押さえれば、帰ってからすぐに、
おいしいごはんが食べられます。

鶏肉

鶏肉は子どもから大人まで、
みんなが大好きなメイン食材。
下味をつけてグリルで焼いたり、
フライパンで炒めたり、コトコト煮たり、
カラッと揚げたり…。
とにかく、どんな調理法でも
おいしく作れるのがうれしいですね。
そして、部位によっても味わいが違います。
もも肉はジューシーに、むね肉はあっさりと、
ささみは柔らかい！　そんな特徴に合わせた
パパッと作れるおかずをぜひ、どうぞ。

鶏手羽中のスパイスグリル

鶏手羽中は安くて食べごたえのある食材。
下味を揉み込んでフライパンで
じっくり焼くだけ。
粒こしょうは粗く刻み、
たっぷりふりましょう。

［調理時間：15分］

材料（2～3人分）

鶏手羽中…12本
にんにく（すりおろし）…1かけ分
酒…大さじ2
塩…小さじ1/3
粒黒こしょう…大さじ1
オリーブオイル…大さじ1＋少々

作り方

1 手羽中は酒、塩、にんにく、オリーブオイル大さじ1を揉み込む。

2 フライパンを中火で熱し、オリーブオイル少々を入れ、1を皮目を下にして焼く。焼き目がついたら、ペーパータオルで余分な油を拭き取り、裏返して弱火で8分ほど焼く。

3 器に2を盛り、粗く刻んだこしょうをふる。

すぐできるヒミツ

鶏手羽中は火が通りやすいので短時間で焼き上がります。下味もシンプルなので手間いらずです。火の通りが心配なときは骨の両脇に包丁を入れましょう。

おすすめ献立

・にんじんと玉ねぎのカレーバター煮⇒P.27
・キャベツとミックスビーンズのマリネ⇒P.50

鶏肉としいたけの梅照り焼き

いつもの照り焼きに梅干しを加えることで酸味がほどよく、ごはんが進む一品に。しいたけは旨みが濃く、火もすぐ通ります。

材料（2～3人分）

鶏もも肉（唐揚げ用）… 250g
しいたけ … 4枚
片栗粉 … 大さじ2
梅干し … 大2個
酒 … 大さじ2
みりん … 大さじ1
しょうゆ … 小さじ2
粉山椒 … 適宜
ごま油 … 大さじ1

作り方

1 鶏肉は好みで皮を取り除き、片栗粉をまぶす。しいたけは石づきを切り落とし、4等分に切る。
2 フライパンを中火で熱し、ごま油、鶏肉を入れて返しながら表面に焼き目をつける。
3 2にしいたけを加えてさっと炒め、酒、みりん、梅干しをちぎって種ごと加える。一煮立ちさせ、蓋をして弱めの中火で6分ほど蒸し焼きにする。
4 中火に戻し、しょうゆを加えて絡め、器に盛り、好みで粉山椒をふる。

すぐできるヒミツ

梅干しの種を取って、包丁でたたくという工程は意外と手間になるので、梅干しは、酒とみりんと供に、ちぎって直接入れるのがおすすめです。仕上げにしょうゆで味つけを。

おすすめ献立

・キャベツとじゃこの柚子こしょうマリネ⇒ P.48

［調理時間：12分］

鶏肉とし唐のしょうが焼き

鶏もも肉は唐揚げ用を買うのが正解。
切る手間いらずで、そのまま炒めるだけで
簡単に一品完成します。
野菜も切る必要がない、
しし唐辛子を選ぶのもコツ。

材料（2～3人分）

鶏もも肉（唐揚げ用）… 250g
しし唐辛子 … 10本
しょうが（せん切り）… 1かけ分
酒 … 大さじ1
みりん … 大さじ½
しょうゆ … 大さじ1
塩 … 少々
白いりごま … 小さじ2
ごま油 … 少々

作り方

1 鶏肉は好みで皮を取り除く。しし唐辛子は半分の長さに切る。

2 フライパンを中火で熱し、ごま油、しょうがを入れ、香りがたったら鶏肉を加えて焼き目がつくまで炒める。しし唐辛子、酒、みりんを加えて一煮立ちさせ、蓋をして弱めの中火で6分ほど蒸し焼きにする。

3 中火に戻し、しょうゆ、塩を加えて水分がなくなるまで炒め、白いりごまをふる。

すぐできるヒミツ

唐揚げ用の鶏もも肉が大きすぎる場合は、蒸し焼きにする時間を長めにしましょう。野菜は根を切るだけ、ちぎって使えるものを選ぶのがポイントです。

おすすめ献立

・にんじんとじゃこの甘酢きんぴら ⇒ P.32

［調理時間：12分］

鶏肉のクリーム煮

玉ねぎとセロリ、にんにくというように、香味野菜を2種類以上使うと、短時間煮込むだけで、グッとおいしくなります。

作り方：150ページ

鶏肉は薄力粉を
まぶしてから焼くと、
自然にとろみがつきます。
鶏肉に火が通ったら、
生クリームを加えるだけで完成です。

鶏肉のクリーム煮

具材は鶏肉と玉ねぎ、セロリ、にんにくだけ。
最初に白ワインで蒸し焼きにして
旨みを引き出し、仕上げに生クリームを加えて
まろやかなおいしさに。

材料（2～3人分）
鶏もも肉（唐揚げ用）… 250g
玉ねぎ … ½個
セロリ … ⅓本
にんにく（薄切り）… 1かけ分
薄力粉 … 大さじ2
白ワイン … 80mℓ
生クリーム … 100mℓ
塩 … 小さじ⅔
粗びき黒こしょう … 少々
オリーブオイル … 大さじ1

作り方

1 鶏肉は好みで皮を取り除き、薄力粉をまぶす。玉ねぎは繊維に沿って薄切りにする。セロリは筋を取り除き、斜め薄切りにする。

2 フライパンににんにく、オリーブオイルを入れて中火にかけ、香りがたったら1を加え、鶏肉に軽く焼き目がつくまで焼く。白ワインを加えて一煮立ちさせ、弱めの中火で6分ほど蒸し焼きにする。

3 中火に戻し、生クリームを加え一煮立ちさせ、塩、こしょうで味をととのえる。

すぐできるヒミツ

短時間でふっくらジューシーに仕上げるために、鍋にこだわってみるのもおすすめ。厚手の鋳物ホーロー鍋などを使うと、より濃い旨みの仕上がりに。

おすすめ献立

- なすとレンズ豆のマリネ ⇒ P.69
- ミニトマトときのこのアフォガード ⇒ P.72

［調理時間：00分］

豚肉

豚肉は薄切り肉やこま切れ肉、
しゃぶしゃぶ用肉など、
火が通りやすいものが多いので、
忙しい日の帰ってから作る
おかずに役立ちます。
火の通りやすい野菜と組み合わせて
ゆでる、炒める、揚げるなどの
調理法を工夫すれば、簡単だけど、
栄養バランス＆満足度満点のおかずが
短時間で完成します。

豚しゃぶ肉と もやしの 柚子こしょう蒸し

もやしとしゃぶしゃぶ用肉を重ねて
蒸し煮にしたさっぱり、
みずみずしい和風のおかず。
ピリッと辛い柚子こしょうが
全体をさわやかにまとめます。

材料（2～3人分）

豚バラしゃぶしゃぶ用肉 … 180g
もやし（ひげ根を取り除く）… 1袋
しょうが（せん切り）… 1かけ分
細ねぎ（2cm長さの斜め切り）… 2本分
A
　酒 … 大さじ1
　柚子こしょう … 小さじ1
　しょうゆ … 大さじ1
白いりごま … 小さじ2
ごま油 … 大さじ1

作り方

1 鍋にもやしの半量を広げ、豚肉の半量をのせる。再度残りのもやしと豚肉を重ねる。しょうがをのせて合わせたAを加え、ごま油をまわしかける。

2 蓋をして中火にかけ、煮立ったら弱火にし、7分ほど蒸し煮にして、細ねぎを加え、さっと混ぜる。器に盛り、白いりごまをふる。

すぐできるヒミツ

もやしの水分が全体にまわって、あっという間に火が通ります。最後は全体をざっと混ぜれば完成です。

おすすめ献立

・ピーマンのひじき炒め ⇒ P.92
・かぼちゃのパセリナッツマリネ ⇒ P.97

［調理時間：10分］

豚薄切り肉とたけのこの赤唐辛子炒め

ゆでたけのこを使うので、
豚薄切り肉に火が通れば、できあがり。
ピリッと辛い赤唐辛子の量はお好みでどうぞ。

材料（2～3人分）
豚ロース薄切り肉…200g
長ねぎ…½本
ゆでたけのこ…120g
しょうが（せん切り）…1かけ分
赤唐辛子（小口切り／種を取り除く）…½本分
酒…大さじ2
しょうゆ…大さじ1
塩…少々
ごま油…大さじ1

作り方

1 豚肉は食べやすい大きさに切る。長ねぎは5cm長さに切り、縦に2等分に切る。たけのこは縦に薄切りにする。
2 フライパンにしょうが、赤唐辛子、ごま油を入れて中火にかけ、香りがたったら1を入れ、豚肉に焼き目がつくまで焼く。
3 2に酒、しょうゆを加えて汁けがなくなるまで炒め、塩をふる。

すぐできるヒミツ

あらかじめ火が通っている食材と火の通りやすい食材の組み合わせであっという間に完成。赤唐辛子は小口切りタイプを使えばもっと時短に。

おすすめ献立

・キャベツと切り干し大根の中華和え⇒P.56

［調理時間：15分］

豚薄切り肉とブロッコリーの竜田揚げ

豚薄切り肉に下味をつけ、
衣をつけてカラッと揚げます。
ブロッコリーも一緒に揚げれば
ボリューム満点、満足度の高いおかずの完成です。

材料（2～3人分）

豚もも薄切り肉…200g
ブロッコリー…½個
片栗粉…大さじ2
塩…少々
A
　酒…大さじ1
　しょうゆ…大さじ1
　しょうが（すりおろし）…1かけ分
揚げ油…適量

作り方

1 豚肉は食べやすい大きさに切り、Aを揉み込む。ブロッコリーは小房に分ける。
2 揚げ油を170℃に熱し、ブロッコリーを入れて軽く色づくまで揚げ、油をきり、器に盛る。
3 1の豚肉に片栗粉をまぶして、きつね色になるまで揚げ、油をきって2に盛り、全体に塩をふる。

すぐできるヒミツ

揚げる調理は、意外と敬遠されがちですが、実はとても簡単。ポイントは、先にブロッコリーを揚げ、そのあとに豚肉を揚げれば油も汚れずきれいな仕上がりに。

おすすめ献立

・ゆでキャベツとしょうがのおかか和え⇒P.53

［調理時間：15分］

豚肉とかぶのおかか塩炒め

かぶは火が通りやすく、すぐに柔らかくなる野菜。豚肉と一緒に炒めて、かつお節と塩のみの味つけを。かぶの葉も、刻んで一緒に炒めましょう。

材料（2〜3人分）

豚バラ薄切り肉 … 200g
かぶ … 2個
かぶの葉（小口切り）… 4枚分
かつお節 … 1袋（5g）
酒 … 大さじ2
塩 … 小さじ2/3
ごま油 … 小さじ1

作り方

1 豚肉は食べやすい大きさに切る。かぶは6〜8等分のくし形に切る。

2 フライパンを中火で熱し、ごま油、豚肉を入れて焼き目がつくまで焼く。

3 出てきた脂をペーパータオルで拭き取り、かぶを加えてさっと炒め、酒をまわしかける。かぶの葉、塩を加えてさっと炒め、かつお節を加えてひと混ぜする。

おすすめ献立

・トマトと油揚げのだし煮 ⇒ P.74
・大根のはりはり漬け⇒ P.127

すぐできるヒミツ

火が通りやすい食材を使い、味つけをごくシンプルにするのも時短調理のコツ。たくさんの調味料を組み合わせるよりも、塩とかつお節でグッとおいしく。

［調理時間：12分］

豚肉とたたききゅうりの塩昆布炒め

生でも食べられるきゅうりを使えば、さっと炒めるだけで完成。しょうがと塩昆布、米酢でさっぱりと旨みたっぷりに仕上げます。

[調理時間：12分]

材料（2～3人分）

豚こま切れ肉…200g
きゅうり…2本
しょうが(せん切り)…1かけ分
塩昆布…7g
酒…大さじ2
米酢…小さじ1
ごま油…大さじ1

作り方

1 豚肉は大きいものは2～3等分に切る。きゅうりは4等分に切り、すりこぎなどで粗くたたく。
2 フライパンを中火で熱し、ごま油、しょうがを入れ、香りがたったら、豚肉を入れて焼き目がつくまで焼く。
3 きゅうり、塩昆布、酒、米酢を加え、汁けがなくなるまで炒め合わせる。

すぐできるヒミツ

塩昆布は加えるだけで味が決まる万能調味料的食材。酢を加えることで味が引き締まります。

おすすめ献立

なすの山椒炒め⇒P.63
せん切りじゃがいも中華マリネ⇒P.45

牛肉

牛肉ならではの旨みと香り、
食感はそれだけでごちそうです。
薄切り肉やしゃぶしゃぶ用肉なら、
火が通りやすいので、さっと煮たり、
ゆでたりすれば、トロリと柔らかい食感に。
本格的な煮込みやマリネも、
短時間でおいしく仕上がるのは、
牛肉ならではかもしれません。

牛肉とトマトのマリナート

マリナートとは、イタリア語で「和え物」のこと。さっとゆでた牛肉と生のトマトを塩、こしょう、オリーブオイルでさっと和えるだけだから簡単です。

材料（2人分）

牛ももしゃぶしゃぶ用肉 … 130g
トマト … 2個
玉ねぎ … ⅓個
にんにく（つぶす）… 1かけ分
白ワイン … 大さじ2
塩 … 小さじ⅔
粗びき黒こしょう … 少々
オリーブオイル … 大さじ2

作り方

1 トマトはくし形に切る。玉ねぎは繊維に沿って薄切りにし、水に5分ほどさらし、ペーパータオルで拭く。牛肉は白ワインを加えた湯に入れて、さっとゆでて水けをペーパータオルで拭く。

2 ボウルに**1**、にんにく、塩、こしょうを入れてさっと混ぜ、さらにオリーブオイルを加えて混ぜる。

すぐできるヒミツ

牛肉は80℃ぐらいの湯でさっとゆでることで、とろりと柔らかく、旨みたっぷりに。しゃぶしゃぶ用肉はさらに火が通りやすいから時短調理に最適。食欲のないときにぴったりの一品です。

おすすめ献立

・大根と大豆のマリネ⇒P.124

［調理時間：15分］

牛肉のストロガノフ風

牛肉と玉ねぎだけで作る
ストロガノフは本格的な味わい。
トロリと柔らかい牛肉の旨みを
存分に味わいましょう。
お好みでサワークリームを添えて。

材料（2～3人分）

牛ロース薄切り肉 … 200g
玉ねぎ … ½個
マッシュルーム … 4個
にんにく（薄切り）… 1かけ分
薄力粉 … 小さじ2
ローリエ … 1枚
赤ワイン … 100mℓ
ウスターソース … 大さじ1
しょうゆ … 小さじ2
塩 … 小さじ⅓
サワークリーム … 適宜
粗びき黒こしょう … 少々
パセリ（みじん切り）… 少々
オリーブオイル … 大さじ1

作り方

1 牛肉は大きいものは2等分に切り、薄力粉を薄くまぶす。玉ねぎは繊維に沿って薄切りにする。マッシュルームは石づきを切り落とし、薄切りにする。

2 鍋ににんにく、オリーブオイルを入れ、中火にかける。香りがたったら玉ねぎを加え、透き通るまで炒める。牛肉を加えてさっと炒め、肉の色が変わったらマッシュルーム、ローリエ、赤ワイン、ウスターソースを加えて一煮立ちさせ、アクを取り除く。

3 弱火にして蓋をし、3分ほど煮て、しょうゆ、塩を加える。

4 器に3を盛り、好みでサワークリームを添え、こしょうをふり、パセリを散らす。

すぐできるヒミツ

牛薄切り肉は、先に炒めるとボロボロになってしまうため、まずは玉ねぎを炒めましょう。牛肉に薄力粉をまぶしてから炒めれば、自然にとろみもつきます。火の通しすぎに要注意。

おすすめ献立

- じゃがいもと卵のサラダ ⇒P.44
- ごぼうのナンプラーピクルス ⇒P.114

［調理時間：20分］

ベーコン

ベーコンなどの加工肉も、
時短料理には欠かせません。
旨みが強いから、
短時間でおいしいおかずができあがります。
できれば、ベーコンのスライスよりは、
ベーコンのブロックを厚めに切って使った方が
ボリュームも出ておいしい一品に。
旨みの強い野菜と組み合わせることも
大切なポイントです。

ベーコンときのこのグラチネ

ベーコンときのこの組み合わせは
相乗効果で旨みが倍増します。
また、直接、薄力粉と牛乳を加えれば
簡単ホワイトソースの完成です。
あとはチーズをかけて焼くだけで
抜群においしいグラタンに。

材料（2〜3人分）

ベーコン（ブロック）… 80g
しめじ … 100g
玉ねぎ … 1/2個
グリュイエールチーズ（ピザ用チーズでも可）
… 60g
白ワイン … 大さじ2
薄力粉 … 大さじ2 1/2
牛乳 … 200mℓ
塩 … 小さじ1/3
オリーブオイル … 小さじ1
バター … 15g

作り方

1 ベーコンは5mm幅に切る。しめじは石づきを切り落としてほぐす。玉ねぎは繊維に沿って薄切りにする。

2 フライパンにオリーブオイル、1を入れて中火にかけ、玉ねぎが透き通るまで炒める。白ワインを加え、蓋をして2分ほど蒸し炒めにし、薄力粉をふるいながら加えて全体に混ぜる。

3 2に牛乳を加えてとろみがついたら、塩を加えて混ぜ、耐熱皿に入れる。

4 3にチーズ、バターをちぎってのせ、オーブントースターで表面に焼き目がつくまで、5〜6分焼く。

すぐできるヒミツ

グラタンは時間のかかる料理と思われがちですが、フライパンで具材に火を通せば、加熱時間は5〜6分。焼いている間にスープや副菜の用意ができるのもうれしいところ。

おすすめ献立

・じゃがいもと玉ねぎのクミンアンチョビ炒め⇒ P.41
・キャベツとベーコンのザブジ⇒ P.54

［調理時間：20分］

ひき肉

安くて使いやすいひき肉は、
さまざまな料理で大活躍。
肉団子にしたり、ハンバーグを作るのは
手間と時間がかかるから、
忙しい日々のおかずは、野菜と一緒に炒めて、
さまざまな味つけで味わうのが一番。
火の通りやすい野菜を組み合わせれば、
短時間でおいしいおかずが作れます。
ごはんにかけて丼にしてもおいしいから
帰ってすぐ食べたいときにおすすめです。

合いびき肉とうもろこしのカレー炒め

粒々のとうもろこしの甘みが
アクセントの即席ドライカレー。
ごはんにのせたり、
パンに挟んで食べましょう。
もう一品スープを作れば、夕飯の完成です。

材料（2～3人分）

合いびき肉…200g
玉ねぎ…½個
スイートコーン缶…80g
にんにく（つぶす）…1かけ分
カレー粉…小さじ1
酒…大さじ2
トマトケチャップ…大さじ1
しょうゆ…小さじ2
塩…小さじ¼
パセリ（みじん切り）…少々
オリーブオイル…大さじ1

作り方

1 玉ねぎは1cm角に切る。
2 フライパンにオリーブオイル、にんにく、カレー粉を入れ、中火にかける。香りがたったら、1、ひき肉を入れて肉の色が変わるまで炒める。
3 汁けをきったスイートコーンを加えてさっと炒め、酒、トマトケチャップ、しょうゆを加え、汁けがなくなるまで炒め、塩を加えて混ぜる。
4 器に3を盛り、パセリを散らす。

すぐできるヒミツ

玉ねぎだけ切ってしまえば、ひき肉もスイートコーンも切る手間がないから、すぐに調理にとりかかれます。ドライカレーなので煮込む時間もいりません。

おすすめ献立

・キャベツとハムのマカロニサラダ⇒P.58

［調理時間：15分］

鶏ひき肉と長いもの炒め物

長いもを大きめの乱切りにして
鶏ひき肉と炒め合わせれば、
旨みもしみこんでグッとおいしく。

材料（2～3人分）

鶏ももひき肉 … 200g
長いも … 200g
青じそ … 4枚
酒 … 大さじ2
しょうゆ … 小さじ2
塩 … 小さじ1/3
ごま油 … 小さじ2

おすすめ献立

・にんじんと長ねぎのたらこ炒め⇒ P.26
・大根のナンプラー甘酢漬け⇒ P.126

作り方

1 長いもはたわしでこすり洗いをしてひげ根などを取り除き、乱切りにする。
2 フライパンを中火で熱し、ごま油、ひき肉を入れて肉の色が変わるまで炒める。
3 酒、しょうゆを加え、汁けがなくなるまで炒め、1を加えてさっと炒め合わせ、塩を加える。
4 火を止め、手でちぎった青じそを加えてひと混ぜする。

すぐできるヒミツ

長いもは皮が薄いので、たわしでしっかりこすり洗いすれば、皮つきのまま乱切りでOK。あとはひき肉と炒めて、仕上げに青じそをちぎるだけ。手間を省いてもおいしい一品。

［調理時間：10分］

豚ひき肉と豆苗の黒酢炒め

豆苗は栄養価が高い上、根を落とすだけで、すぐに調理できるから便利です。ひき肉と一緒にコクのある中華炒めに。

材料（2～3人分）

豚ひき肉…200g
豆苗…½袋
長ねぎ…15cm分
しょうが（みじん切り）…1かけ分
酒…大さじ1
黒酢…大さじ1
オイスターソース…大さじ1
ごま油…小さじ2

おすすめ献立

・なすといんげんのくたくた煮⇒P.64
・ピーマンの花椒きんぴら⇒P.90

作り方

1 豆苗は根を切り落とし、3cm幅に切る。長ねぎは斜め薄切りにする。
2 フライパンを中火で熱し、ごま油、しょうがを入れて香りがたったら、ひき肉、長ねぎを入れ、肉の色が変わるまで炒める。
3 2に酒、黒酢、オイスターソースを加え、汁けがなくなるまで炒め、豆苗を加え、さっと炒め合わせる。

すぐできるヒミツ

根を切ったあと、ざく切りで炒め物に使える野菜を利用すると時短に。豆苗の他、もやし、貝割れ菜、小松菜、チンゲン菜などもおすすめです。

［調理時間：10分］

魚・魚介

忙しいときは、肉料理に偏りがちですが
ぜひ、魚料理も食べてほしいもの。
切り身魚なら、火も通りやすく調理も簡単。
かじきまぐろ、ぶり、鮭などの使いやすい魚を
和だけでなく、洋、中、エスニックなど
さまざまな味つけで、おいしくいただきましょう。
また、あさりやほたてなどの貝類や刺身も
短時間で調理できておすすめです。
マンネリになりがちな魚料理も、
バリエーション豊かな夕飯のおかずに変身します。

かじきまぐろのナンプラーソテー

とろりとした柔らかい食感のかじきまぐろをナンプラーとレモン汁でエスニック風に仕上げました。輪切りの玉ねぎとレモンで見た目も華やかです。

材料（2人分）

かじきまぐろ（切り身）… 2切れ
玉ねぎ … 1個
レモン（スライス）… 4枚
にんにく（薄切り）… 1かけ分
酒 … 大さじ2
ナンプラー… 大さじ1
レモン汁 … 大さじ1
赤唐辛子（小口切り／種を取り除く）… ½本分
粗びき黒こしょう … 適量
オリーブオイル … 小さじ2

作り方

1 かじきまぐろは表面の水分をペーパータオルで拭く。玉ねぎは横に1cm幅の輪切りにする。

2 フライパンににんにく、オリーブオイルを入れ、中火にかける。香りがたったら1を加えてかじきまぐろに焼き目がつくまで焼き、裏返して、酒を加え、蓋をして弱火で5分ほど蒸し焼きにする。

3 2の蓋をあけて中火に戻し、ナンプラー、レモン汁、レモンを加えて煮詰めながら絡める。

4 器に3を盛り、赤唐辛子とこしょうをふる。

すぐできるヒミツ

切り身魚の中でも、骨がないかじきまぐろは、そのままソテーにしたり、食べやすい大きさに切って調理できるので便利。表面の水分をペーパータオルで拭き取ると臭みが取れます。

おすすめ献立

・揚げじゃがいもといんげんのレモンしょうゆ漬け⇒ P.46

［調理時間：15分］

ぶりのみそ照り焼き

いつもの照り焼きに、
梅干しとみそを加えれば
グッと濃厚な味わいに。
とろりと甘いぶつ切りねぎと
一緒にごはんに添えて召し上がれ。

材料（2人分）

ぶり（切り身）… 2切れ
長ねぎ … $\frac{1}{3}$本
梅干し … 2個
A
　みりん … 大さじ2
　しょうゆ … 小さじ2
　みそ … 大さじ1$\frac{1}{2}$
酒 … 大さじ2
粉山椒 … 適量
ごま油 … 小さじ2

作り方

1 ぶりは表面の水分をペーパータオルで拭く。長ねぎは3cm長さに切る。梅干しは種を取り除き、たたく。

2 フライパンを中火で熱し、ごま油、1を入れてぶりの表面に焼き目がつくまで焼く。裏返して酒を加え、蓋をして弱火で3分ほど蒸し焼きにする。

3 2の蓋をあけて中火に戻し、合わせたAを加えて絡める。

4 器に3を盛り、粉山椒をかける。

すぐできるヒミツ

フライパンでぶりと長ねぎと梅干しを蒸し焼きにしてから、タレを加えて絡めるだけ。みそは焦げやすいので、タレを加えたら、火を弱めてぶりに絡めるようにして仕上げましょう。

おすすめ献立

- にんじんとたけのこの土佐ごま和え⇒P.34
- トマトのねぎポン酢マリネ⇒P.81

［調理時間：15分］

鮭のマスタードソテー

いつもは焼き魚として食べることの多い甘塩鮭を、粒マスタードをきかせた、さっぱりとした洋風おかずに。バゲットを添えて、白ワインと一緒にどうぞ。

材料（2人分）

甘塩鮭（切り身）… 2切れ
薄力粉 … 大さじ2
玉ねぎ … ½個
にんにく（つぶす）… 1かけ分
白ワイン … 50mℓ
粒マスタード … 大さじ2
ナンプラー… 小さじ2
レモン汁 … 大さじ1
粗びき黒こしょう … 少々
パセリ（みじん切り）… 少々
オリーブオイル … 大さじ1

作り方

1 鮭は3等分に切り、薄力粉をはたく。玉ねぎは繊維に沿って2cm幅に切る。

2 フライパンににんにく、オリーブオイルを入れて中火にかけ、香りがたったら1を加えて鮭に焼き目がつくまで焼く。裏返して白ワインを加え、蓋をして弱火で3分ほど蒸し焼きにする。

3 2の蓋をあけて中火に戻し、粒マスタード、ナンプラー、レモン汁を加えてなじませ、こしょう、パセリをふる。

すぐできるヒミツ

甘塩鮭は薄力粉をまぶして、玉ねぎと一緒にソテーすれば、添え野菜も一緒に完成。甘塩鮭は旨みも濃く味も決まりやすいので調味も簡単。

おすすめ献立

- かぼちゃときのこのラタトゥイユ⇒ P.100

［調理時間：15分］

さばとチンゲン菜のあんかけ

一口大に切ったさばに片栗粉をまぶして炒め、調味料を加えて煮詰めれば、自然なとろみがついて、全体がまとまるから美味。

材料（2人分）

塩さば（3枚おろし）… 2枚
片栗粉 … 大さじ2
チンゲン菜 … 2株
玉ねぎ … 1/3個
しょうが（せん切り）… 1かけ分
A
　紹興酒（酒でも可）… 大さじ2
　黒酢 … 大さじ1
　しょうゆ … 大さじ1
ごま油 … 大さじ1

おすすめ献立

・にんじんの春雨サラダ
　⇒ P.35

作り方

1 さばは2cm幅に切り、片栗粉をまぶす。玉ねぎは繊維に沿って薄切りにする。チンゲン菜はそぎ切りにする。
2 フライパンを中火で熱し、ごま油、しょうがを入れて香りがたつまで炒める。さばを加えて返しながら焼き、焼き目がついたら玉ねぎ、チンゲン菜を加え、さっと炒める。
3 2にAを加え、煮詰めながら絡める。

すぐできるヒミツ

塩さばは下味いらずで片栗粉をまぶすだけ。調味料はあらかじめ合わせておくと、調理がスムーズです。

［調理時間：15分］

たらとじゃがいもの白ワイン煮

甘塩たらとじゃがいも、長ねぎ、ソーセージを白ワインで蒸し煮するだけの簡単煮込み。じんわりとほどよい塩みがおいしい。

[調理時間：15分]

材料（2人分）

甘塩たら（切り身）… 2枚
じゃがいも … 2個
長ねぎ … 1/3本
ソーセージ … 4本
にんにく（つぶす）… 1かけ分
薄力粉 … 大さじ2
白ワイン … 大さじ2
塩 … 小さじ1/4
粗びき黒こしょう … 少々
ディジョンマスタード … 小さじ2
オリーブオイル … 大さじ1

おすすめ献立

・なすのオイル煮⇒ P.60

作り方

1 たらは薄力粉をまぶして余分な粉をはたく。じゃがいもは皮をむき、1.5cm厚さの輪切りにする。長ねぎは1cm厚さのぶつ切りにする。

2 鍋にオリーブオイルとにんにくを入れて中火にかけ、香りがたったら、たらを入れて全体に軽く焼き目をつける。

3 じゃがいも、長ねぎ、ソーセージ、白ワインを加えて一煮立ちさせ、弱火にしたら蓋をして8分ほど蒸し煮にし、塩、こしょうを加える。

4 器に盛り、マスタードを添える。

すぐできるヒミツ

甘塩たら、ソーセージ、長ねぎ、じゃがいもは旨みが濃く、だしが出る食材。これらを一緒に白ワインで蒸し煮にすることで、塩、こしょうで調味するだけでおいしい。ディジョンマスタードで味を引き締めて。

かじきまぐろと野菜のフリット

魚を揚げる前に、パプリカやスナップえんどうを揚げましょう。パプリカを素揚げするのは短時間で十分。甘くて柔らかい食感に。

作り方：P180

フリットの衣はよく混ぜ合わせ、
かじきまぐろに
しっかり絡めること。
衣がきつね色になり、
気泡が細かくなってきたら
揚げ上がりの目安。

かじきまぐろと野菜のフリット

かじきまぐろは食べやすく切り、衣をつけて野菜と一緒にきつね色になるまで揚げましょう。油をよくきることを忘れずに。

材料（2人分）

かじきまぐろ（切り身）… 2切れ
塩 … 適量
粗びき黒こしょう … 少々
スナップえんどう … 8本
パプリカ（赤・黄）… 各1/3個
薄力粉 … 大さじ1
A
　卵 … 1個
　薄力粉 … 大さじ3
　ベーキングパウダー… 小さじ1/2
　牛乳 … 大さじ1
トマトケチャップ … 適宜
揚げ油 … 適量

作り方

1 かじきまぐろは表面の水分をペーパータオルで拭き、食べやすい大きさに切り、塩少々、こしょうをふる。スナップえんどうは筋を取り除く。パプリカは縦1cm幅に切る。

2 揚げ油を170℃に熱し、スナップえんどう、パプリカを入れて1分ほど揚げ、油をきる。

3 かじきまぐろは薄力粉をはたき、よく混ぜたAにくぐらせ、170℃の揚げ油に入れ、カラッときつね色になるまで揚げる。

4 器に2、3を盛り、塩少々をふり、好みでトマトケチャップを添える。

すぐできるヒミツ

かじきまぐろと野菜、衣を用意すれば、あとは揚げるだけだから簡単。それぞれ火の通りが早いから、あっという間に揚げ上がります。

おすすめ献立

・トマトとたこのマリネ⇒ P.80

[調理時間：20分]

あさりとアスパラのオイスター炒め

あさりは蒸すとすぐに火が入るので、時短調理に最適。アスパラガスを加えてさっと炒めればできあがり。晩酌の一品にもぴったりです。

材料（2～3人分）

あさり（砂出ししたもの）… 250g
アスパラガス … 4本
しょうが（せん切り）… 1かけ分
紹興酒（酒でも可）… 大さじ2
オイスターソース … 大さじ2
ごま油 … 大さじ1

作り方

1 アスパラガスは根元の固い部分の皮をむき、斜めに1cm幅に切る。

2 フライパンを中火で熱し、ごま油、しょうがを入れて香りがたったら、あさりを加えてさっと炒める。紹興酒を加え、蓋をして弱めの中火であさりの口が開くまで2分ほど加熱する。

3 2の蓋をあけ、アスパラガスを加えてさらに1分ほど加熱し、オイスターソースを加えて炒め合わせる。

すぐできるヒミツ

あさりは通常、塩水に浸して半日おいて砂出しをします。朝、塩水につけてから出かければ、家に帰って、すぐに調理ができて便利です。

おすすめ献立

・キャベツと豚しゃぶのナンプラーマリネ⇒ P.52

［調理時間：12分］

ほたてのレモンクリーム煮

丸々とした刺身用のほたてをたっぷり使い、レモンの酸味がさわやかなクリーム煮に。ほたてはさっと火を通すぐらいがおいしい。

材料（2～3人分）

ほたて（刺身用）… 8個
薄力粉 … 大さじ2
玉ねぎ … ½個
セロリ … ½本
セロリの葉 … 2枚
白ワイン … 70mℓ
生クリーム … 100mℓ
塩 … 小さじ½
レモン汁 … 大さじ1
レモンの皮（すりおろす）… 少々
粗びき黒こしょう … 少々
オリーブオイル … 小さじ2

作り方

1 ほたては水洗いし、ペーパータオルで水けを拭き、薄力粉をはたく。玉ねぎは繊維に沿って2cm幅に切る。セロリは筋を取り除き、斜め薄切りにする。

2 フライパンにオリーブオイルを入れて中火にかけ、1を加えてほたてに軽く焼き目がつき、セロリが透き通るまで炒める。セロリの葉と白ワインを加え、蓋をして弱火で3分ほど蒸し炒めにする。

3 2に生クリーム、塩を加えて一煮立ちさせ、レモン汁を加えてなじませる。

4 器に3を盛り、レモンの皮を散らし、こしょうをふる。

すぐできるヒミツ

さっと火を通すぐらいがおいしい食材を組み合わせれば、調理もスピードアップ。仕上げに生クリームやレモン汁などで調味するだけで完成です。

おすすめ献立

・じゃがいもゴルゴンゾーラのマリネ⇒P.38

［調理時間：15分］

まぐろのポキ

まぐろの刺身を角切りにして紫玉ねぎと調味料で和えるだけで一品完成。アボカドを角切りにして、一緒に和えてもおいしい。

材料（2～3人分）

まぐろ（刺身用）… 250g
塩 … 小さじ¼
紫玉ねぎ … ½個
レモン汁（またはライム汁）
　… 大さじ1
しょうゆ … 小さじ2
ごま油 … 大さじ1
白いりごま … 小さじ2

おすすめ献立

- じゃがいものみそバター炒め⇒ P.39
- ピーマンときのこのレモンナンプラー炒め⇒ P.84

作り方

1 まぐろは2cm角に切り、塩をふってなじませる。紫玉ねぎは粗みじん切りにし、水に3分ほどさらして水けをきり、ペーパータオルで拭く。

2 1にレモン汁またはライム汁、しょうゆ、ごま油、白いりごまを加えてなじませる。

すぐできるヒミツ

まぐろと紫玉ねぎを切って、あとは調味料で和えるだけで、メイン料理の完成。簡単だけど、本当においしいから、刺身の安いときにたっぷり作ってみてほしい一品です。

［調理時間：10分］

漁師丼

新鮮なあじの刺身とまぐろの刺身を
食べやすく切って漬けにして
ごはんにのせるだけの海鮮丼。
すだちを搾ることで、
グッとさわやかな味わいに。

[調理時間：10分]

材料（2～3人分）

あじ（刺身用／3枚おろし）… 1尾分
まぐろ（刺身用／さく）… 200g
万能ねぎ（小口切り）… 4本分
白いりごま … 適量
すだち … 1個
炊いたごはん … 茶碗2～3杯分

A
- しょうゆ … 大さじ2
- みりん … 大さじ1
- 酒 … 大さじ1/2
- 米酢 … 大さじ1/2

作り方

1 鍋にAを入れて中火にかけ、一煮立ちさせ、冷ます。

2 あじ、まぐろは食べやすい大きさに切り、1を絡める。

3 炊いたごはんをひと肌に冷まして器に盛り、2と万能ねぎをのせ、白いりごまをふり、すだちを添える。

すぐできるヒミツ

忙しい日の夕ごはんには、刺身を切ってタレを絡めるだけのおかずもおすすめ。ごはんの上にのせれば、あっという間に一品完成。すだちなどの柑橘を搾って上級のおいしさに。

おすすめ献立

- キャベツとささみのわさびマリネ⇒ P.51
- 揚げなすのだし漬け⇒ P.62

索引

[肉類・肉加工品]

◎鶏肉
にんじんと鶏ささみの梅和え…029
じゃがいもと鶏肉の塩煮…040
キャベツとささみのわさびマリネ…051
なすと鶏肉の黒酢煮…065
トマトと鶏肉のサルサマリネ…078
ピーマンと鶏肉、うずらの旨煮…085
大根と鶏肉の梅煮…116
鶏手羽中のスパイスグリル…142
鶏肉としいたけの梅照り焼き…144
鶏肉としし唐のしょうが焼き…146
鶏肉のクリーム煮…150

◎豚肉
キャベツと豚しゃぶのナンプラーマリネ…052
なすと豚肉のみそ煮…066
ピーマンと豚しゃぶの甘酢漬け…088
れんこんと豚肉の甘辛煮…134
豚しゃぶ肉ともやしの柚子こしょう蒸し…152
豚薄切り肉とたけのこの赤唐辛子炒め…154
豚薄切り肉とブロッコリーの竜田揚げ…156
豚肉とかぶのおかか塩炒め…158
豚肉とたたききゅうりの塩昆布炒め…159

◎牛肉
ごぼうと牛肉のバルサミコ煮…111
大根と牛肉のコチュジャン煮…119
れんこんと牛肉のワイン煮…136
牛肉とトマトのマリナート…160
牛肉のストロガノフ風…162

◎ひき肉
なすとひき肉のドライカレー…068
トマトと合いびき肉のメキシカンミート…070
かぼちゃのそぼろ煮…104
大根のそぼろ炒め煮…122
れんこんのそぼろ炒め…131
合いびき肉ととうもろこしのカレー炒め…166
鶏ひき肉と長いもの炒め物…168
豚ひき肉と豆苗の黒酢炒め…169

◎ベーコン・ハム・ソーセージ
柚子こしょうのジャーマンポテト…036
キャベツとベーコンのザブジ…054
キャベツとハムのマカロニサラダ…058
かぼちゃと生ハムの蒸し煮…094
かぼちゃとソーセージのウスター炒め…102
ベーコンときのこのグラチネ…164
たらとじゃがいもの白ワイン煮…177

[魚介類・海藻類・魚介加工品]

◎青のり
キャベツとじゃこの柚子こしょうマリネ…048

◎あさり
あさりとアスパラのオイスター炒め…182

◎あじ
漁師丼…187

◎アンチョビフィレ
じゃがいもと玉ねぎのクミンアンチョビ炒め…041

◎かじきまぐろ
かじきまぐろのナンプラーソテー…170
かじきまぐろと野菜のフリット…180

◎かつお節
にんじんとたけのこの土佐ごま和え…034
ゆでキャベツとしょうがのおかか和え…053
ピーマンのひじき炒め…092
豚肉とかぶのおかか塩炒め…158

◎昆布・塩昆布
じゃがいもと鶏肉の塩煮…040
かぼちゃと昆布の塩煮…103
大根のはりはり漬け…127
豚肉とたたききゅうりの塩昆布炒め…159

◎鮭
パプリカと鮭のマリネ…089
鮭のマスタードソテー…174

◎さつま揚げ
れんこんとさつま揚げのきんぴら…130

◎さば
さばのトマト煮…075
さばとチンゲン菜のあんかけ…176

◎たこ
トマトとたこのマリネ…080

◎たら
たらとじゃがいもの白ワイン煮…177

◎たらこ・明太子
にんじんと長ねぎのたらこ炒め…026
ごぼうとにんじんの明太きんぴら…110

◎ちくわ
にんじんとちくわのごま和え…028
ごぼうとちくわの甘辛炒め…106

◎ちりめんじゃこ
にんじんとじゃこの甘酢きんぴら…032
キャベツとじゃこの柚子こしょうマリネ…048

◎ツナ缶
にんじんとツナのマスタードマリネ…024

キャベツとツナの豆板醤和え…057
たたきれんこんとツナのコチュジャン煮…133
◎ひじき
ピーマンのひじき炒め…092
たたきごぼうとひじきのごま和え…115
◎ぶり
ぶりのみそ照り焼き…172
◎干しえび
ピーマンと干しえびのオイスター炒め…091
◎ほたて
大根とほたて缶の中華マリネ…125
ほたてのレモンクリーム煮…184
◎まぐろ
まぐろのポキ…186
漁師丼…187
［野菜・果物］
◎青じそ
鶏ひき肉と長いもの炒め物…168
◎アスパラガス
あさりとアスパラのオイスター炒め…182
◎かぶ
豚肉とかぶのおかか塩炒め…158
◎かぼちゃ
かぼちゃと生ハムの蒸し煮…094
かぼちゃの甘辛中華揚げ…096
かぼちゃのパセリナッツマリネ…097
かぼちゃときのこのラタトゥイユ…100
かぼちゃとソーセージのウスター炒め…102
かぼちゃと昆布の塩煮…103
かぼちゃのそぼろ煮…104
かぼちゃのナンプラーバター煮…105
◎キャベツ
キャベツとじゃこの柚子こしょうマリネ…048
キャベツとミックスビーンズのマリネ…050
キャベツとささみのわさびマリネ…051
キャベツと豚しゃぶのナンプラーマリネ…052
ゆでキャベツとしょうがのおかか和え…053
キャベツとベーコンのザブジ…054
キャベツと切り干し大根の中華和え…056
キャベツとツナの豆板醤和え…057
キャベツとハムのマカロニサラダ…058
◎きゅうり
豚肉とたたききゅうりの塩昆布炒め…159
◎コーン缶
合いびき肉ととうもろこしのカレー炒め…166
◎ごぼう
ごぼうとちくわの甘辛炒め…106
ごぼうとこんにゃくのみそ炒め…108
ごぼうのいり豆腐…109
ごぼうとにんじんの明太きんぴら…110
ごぼうと牛肉のバルサミコ煮…111
ごぼうとにんじんのトマト煮…112
ごぼうのナンプラーピクルス…114
たたきごぼうとひじきのごま和え…115
◎さやいんげん
揚げじゃがいもといんげんのレモンしょうゆ漬け…046
なすといんげんのくたくた煮…064
◎しし唐辛子
鶏肉としし唐のしょうが焼き…146
◎すだち
漁師丼…187
◎ズッキーニ
トマトとズッキーニのクミン炒め…073
◎スナップえんどう
かじきまぐろと野菜のフリット…180
◎セロリ
鶏肉のクリーム煮…150
ほたてのレモンクリーム煮…184
◎大根・切り干し大根
キャベツと切り干し大根の中華和え…056
大根と鶏肉の梅煮…116
大根と厚揚げのナンプラー煮…118
大根と牛肉のコチュジャン煮…119
揚げ大根の柚子こしょう絡め…120
大根のそぼろ炒め煮…122
大根と大豆のマリネ…124
大根とほたて缶の中華マリネ…125
大根のナンプラー甘酢漬け…126
大根のはりはり漬け…127
◎たけのこ
にんじんとたけのこの土佐ごま和え…034
豚薄切り肉とたけのこの赤唐辛子炒め…154
◎玉ねぎ・紫玉ねぎ
にんじんと玉ねぎのカレーバター煮…027
柚子こしょうのジャーマンポテト…036
じゃがいものみそバター炒め…039
じゃがいもと玉ねぎのクミンアンチョビ炒め…041
キャベツとミックスビーンズのマリネ…050
キャベツとベーコンのザブジ…054
なすと鶏肉の黒酢煮…065
なすとひき肉のドライカレー…068

なすとレンズ豆のマリネ…069
トマトと合いびき肉のメキシカンミート…070
ミニトマトときのこのアフォガード…072
さばのトマト煮…075
トマトと鶏肉のサルサマリネ…078
ピーマンと玉ねぎのカレーマリネ…082
ピーマンときのこのレモンナンプラー炒め…084
パプリカと鮭のマリネ…089
かぼちゃと生ハムの蒸し煮…094
かぼちゃのパセリナッツマリネ…097
かぼちゃときのこのラタトゥイユ…100
かぼちゃとソーセージのウスター炒め…102
かぼちゃのナンプラーバター煮…105
ごぼうと牛肉のバルサミコ煮…111
ごぼうとにんじんのトマト煮…112
大根と鶏肉の梅煮…116
たたきれんこんとツナのコチュジャン煮…133
れんこんと牛肉のワイン煮…136
鶏肉のクリーム煮…150
牛肉とトマトのマリナート…160
牛肉のストロガノフ風…162
ベーコンときのこのグラチネ…164
合いびき肉ととうもろこしのカレー炒め…166
かじきまぐろのナンプラーソテー…170
鮭のマスタードソテー…174
さばとチンゲン菜のあんかけ…176
ほたてのレモンクリーム煮…184
まぐろのポキ…186

◎チンゲン菜
さばとチンゲン菜のあんかけ…176

◎豆苗
豚ひき肉と豆苗の黒酢炒め…169

◎トマト・ミニトマト
トマトと合いびき肉のメキシカンミート…070
ミニトマトときのこのアフォガード…072
トマトとズッキーニのクミン炒め…073
トマトと油揚げのだし煮…074
さばのトマト煮…075
トマトと鶏肉のサルサマリネ…078
トマトとたこのマリネ…080
トマトのねぎポン酢マリネ…081
かぼちゃときのこのラタトゥイユ…100
牛肉とトマトのマリナート…160

◎トマトピューレ・トマトジュース
かぼちゃときのこのラタトゥイユ…100
ごぼうとにんじんのトマト煮…112

◎なす
なすのオイル煮…060
揚げなすのだし漬け…062
なすの山椒炒め…063
なすといんげんのくたくた煮…064
なすと鶏肉の黒酢煮…065
なすと豚肉のみそ煮…066
なすとひき肉のドライカレー…068
なすとレンズ豆のマリネ…069

◎長ねぎ・万能ねぎ
にんじんと長ねぎのたらこ炒め…026
にんじんの春雨サラダ…035
じゃがいもと鶏肉の塩煮…040
揚げなすのだし漬け…062
なすと豚肉のみそ煮…066
トマトのねぎポン酢マリネ…081
かぼちゃと昆布の塩煮…103
ごぼうとこんにゃくのみそ炒め…108
大根と牛肉のコチュジャン煮…119
れんこんのそぼろ炒め…131
れんこんとにんじんの花椒炒め…132
豚薄切り肉とたけのこの赤唐辛子炒め…154
豚ひき肉と豆苗の黒酢炒め…169
ぶりのみそ照り焼き…172
たらとじゃがいもの白ワイン煮…177
漁師丼…187

◎にんじん
にんじんとツナのマスタードマリネ…024
にんじんと長ねぎのたらこ炒め…026
にんじんと玉ねぎのカレーバター煮…027
にんじんとちくわのごま和え…028
にんじんと鶏ささみの梅和え…029
にんじんとじゃこの甘酢きんぴら…032
にんじんとたけのこの土佐ごま和え…034
にんじんの春雨サラダ…035
キャベツとベーコンのザブジ…054
ピーマンと鶏肉、うずらの旨煮…085
ごぼうのいり豆腐…109
ごぼうとにんじんの明太きんぴら…110
ごぼうとにんじんのトマト煮…112
れんこんとにんじんのナムル…128
れんこんとにんじんの花椒炒め…132
れんこんたっぷりおから煮…137

◎ピーマン・パプリカ
ピーマンと玉ねぎのカレーマリネ…082
ピーマンときのこのレモンナンプラー炒め…084
ピーマンと鶏肉、うずらの旨煮…085
ピーマンと豚しゃぶの甘酢漬け…088
パプリカと鮭のマリネ…089
ピーマンの花椒きんぴら…090
ピーマンと干しえびのオイスター炒め…091
ピーマンのひじき炒め…092
かじきまぐろと野菜のフリット…180

◎ブロッコリー
豚薄切り肉とブロッコリーの竜田揚げ…156

◎もやし
豚しゃぶ肉ともやしの柚子こしょう蒸し…152

◎レモン
揚げじゃがいもといんげんのレモンしょうゆ漬け…０４６
ピーマンときのこのレモンナンプラー炒め…０８４
かじきまぐろのナンプラーソテー…１７０
ほたてのレモンクリーム煮…１８４
◎れんこん
ごぼうとにんじんのトマト煮…１１２
れんこんとにんじんのナムル…１２８
れんこんとさつま揚げのきんぴら…１３０
れんこんのそぼろ炒め…１３１
れんこんとにんじんの花椒炒め…１３２
たたきれんこんとツナのコチュジャン煮…１３３
れんこんと豚肉の甘辛煮…１３４
れんこんと牛肉のワイン煮…１３６
れんこんたっぷりおから煮…１３７

［きのこ類］
◎えのきだけ
ミニトマトときのこのアフォガード…０７２
◎エリンギ
かぼちゃときのこのラタトゥイユ…１００
◎しいたけ
れんこんたっぷりおから煮…１３７
鶏肉としいたけの梅照り焼き…１４４
◎しめじ
ミニトマトときのこのアフォガード…０７２
ピーマンときのこのレモンナンプラー炒め…０８４
かぼちゃときのこのラタトゥイユ…１００
ベーコンときのこのグラチネ…１６４
◎マッシュルーム
ミニトマトときのこのアフォガード…０７２
牛肉のストロガノフ風…１６２

［いも類］
◎じゃがいも
柚子こしょうのジャーマンポテト…０３６
じゃがいもゴルゴンゾーラのマリネ…０３８
じゃがいものみそバター炒め…０３９
じゃがいもと鶏肉の塩煮…０４０
じゃがいもと玉ねぎのクミンアンチョビ炒め…０４１
じゃがいもと卵のサラダ…０４４
せん切りじゃがいも中華マリネ…０４５
揚げじゃがいもといんげんのレモンしょうゆ漬け…０４６
たらとじゃがいもの白ワイン煮…１７７
◎長いも
鶏ひき肉と長いもの炒め物…１６８

［卵］
じゃがいもと卵のサラダ…０４４
ピーマンと鶏肉、うずらの旨煮…０８５
かじきまぐろと野菜のフリット…１８０

［乳製品］
◎牛乳
ベーコンときのこのグラチネ…１６４
かじきまぐろと野菜のフリット…１８０
◎サワークリーム
牛肉のストロガノフ風…１６２
◎チーズ
じゃがいもゴルゴンゾーラのマリネ…０３８
ベーコンときのこのグラチネ…１６４
◎生クリーム
鶏肉のクリーム煮…１５０
ほたてのレモンクリーム煮…１８４

［豆類・豆加工品］
◎油揚げ・厚揚げ
トマトと油揚げのだし煮…０７４
大根と厚揚げのナンプラー煮…１１８
◎おから
れんこんたっぷりおから煮…１３７
◎大豆
大根と大豆のマリネ…１２４
◎豆腐
ごぼうのいり豆腐…１０９
◎春雨
にんじんの春雨サラダ…０３５
◎ミックスビーンズ
キャベツとミックスビーンズのマリネ…０５０
◎レンズ豆
なすとレンズ豆のマリネ…０６９

［その他］
◎アーモンド
じゃがいもゴルゴンゾーラのマリネ…０３８
かぼちゃのパセリナッツマリネ…０９７
◎梅干し
にんじんと鶏ささみの梅和え…０２９
大根と鶏肉の梅煮…１１６
鶏肉としいたけの梅照り焼き…１４４
ぶりのみそ照り焼き…１７２
◎こんにゃく
ごぼうとこんにゃくのみそ炒め…１０８

ワタナベマキ

1976年、神奈川県生まれ。夫、小学生の息子との3人暮らし。グラフィックデザイナーを経て、2005年から「サルビア給食室」を立ち上げ、料理家に。雑誌や書籍でのレシピ提案、イベントなどで幅広く活躍中。著書に『アジアのごはん』『らくつまみ100』(ともに主婦と生活社)、『旬菜ごよみ365日 季節の味を愛しむ日々とレシピ』『じゃがいも×ワタナベマキ＝食感』(ともに誠文堂新光社)など多数。

毎日のごはんは、
野菜で作っておくと
肉・魚ですぐできる

著　者　ワタナベマキ
発行者　池田士文
印刷所　大日本印刷株式会社
製本所　大日本印刷株式会社
発行所　株式会社池田書店
〒162-0851 東京都新宿区弁天町43番地
電話03-3267-6821(代)
振替00120-9-60072

ISBN978-4-262-13049-1

20000003

編集協力　丸山みき(SORA企画)
編集アシスタント　岩本明子／樫村悠香(SORA企画)
デザイン　福間優子
撮影　木村拓(東京料理写真)
スタイリング　佐々木カナコ
DTP　小林亮
校正　聚珍社